ŒUVRES

DE

M. DE VOLTAIRE.

TOME QUATRIE'ME.

ŒUVRES
DE
M. DE VOLTAIRE.

NOUVELLE EDITION,

Revûe, corrigée & considerablement augmentée, avec des Figures en Taille-douce.

TOME QUATRIEME.

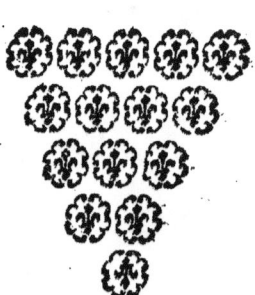

A AMSTERDAM,
Aux dépens de la Compagnie.
MDCCXLII.

PRE'FACE DE L'EDITEUR.

IL eſt aſſez étrange que l'on n'ait pas ſongé plûtôt à imprimer cette Comédie, qui fut jouée il y a près de deux ans, & qui eut environ trente Repréſentations. L'Auteur ne s'étant point déclaré, on l'a miſe juſqu'ici ſur le compte de diverſes perſonnes très-eſtimées ; mais elle eſt véritablement de Mr. de Voltaire, quoique le ſtile de la Henriade & d'Alzire ſoit ſi différent de celuici, qu'il ne permet guere d'y reconnoître la même main.

C'eſt ce qui fait que nous donnons ſous ſon nom cette Pièce au Public comme la premiere Comédie qui ſoit écrite en Vers de cinq pieds ; peut-être cette nouveauté engagera-t'elle quelqu'un à ſe ſervir de cette meſure. Elle produira ſur le Théâtre Français de la variété ; & qui donne des plaiſirs nouveaux, doit toujours être bien reçû.

Si la Comédie doit être la repréſentation des mœurs, cette Pièce ſemble être aſſez de ce caractère. On y voit un mélange de ſérieux & de plaiſanterie, de comique & de touchant. C'eſt ainſi que la vie des hommes eſt bigarée ; ſouvent même une ſeule avanture produit tous ces contraſtes. Rien n'eſt ſi commun qu'une maiſon dans laquelle un pere gronde, une fille occupée de sa passion pleure; le fils se moque des deux, & quelques parens prennent différemment part à la scène. On raille très-souvent dans une chambre, de ce qui attendrit dans la chambre voisine; & la même personne a quelquefois ri & pleuré de la même chose dans le même quart-d'heure.

Une Dame très-respectable étant un jour au chevet d'une de ses filles qui étoit en danger de mort, entourée de toute sa famille, s'écrioit en fondant en larmes: *Mon Dieu, rendez-la moi, & prenez tous mes autres enfans!* Un homme qui avoit épousé une de ses filles, s'aprocha d'elle, & la tirant par la manche, *Madame*, dit-il, *les gendres en sont-ils?* Le sens froid & le comique avec lequel il prononça ces paroles, fit un tel effet sur cette Dame affligée, qu'elle sortit en éclatant de rire; tout le monde la suivit en riant, & la malade ayant sû de quoi il étoit question se mit à rire plus fort que les autres.

Nous n'inférons pas delà que toute Comédie doive avoir des Scènes de bouffonnerie & des Scènes attendrissantes: il y a beaucoup de très-bonnes Piéces, où il ne regne que de la gayeté: d'autres toutes sérieuses: d'autres mélangées: d'autres où l'attendrissement va jusqu'aux larmes; il ne faut donner l'exclusion à aucun genre ; & si l'on me demandoit quel genre est le meilleur, je répondrois : *celui qui est le mieux traité.*

Il seroit peut-être à propos & conforme au goût de ce Siècle *raisonneur*, d'examiner ici quelle est cette sorte de plaisanterie qui nous fait rire à la Comédie.

La cause du rire est une de ces choses plus senties que connues ; l'admirable Moliére, Regnard qui le vaut quelquefois, & les Auteurs de tant de jolies petites Pièces, se sont contentés d'exciter en nous ce plaisir, sans nous en rendre jamais raison, & sans nous dire leur secret.

J'ai crû remarquer aux Spectacles qu'il ne s'éleve presque jamais de ces éclats de rire universels, qu'à l'occasion d'une méprise. Mercure pris pour Sosie, le Chevalier Menechme pris pour son frere, Crispin faisant son Testament sous le nom du bon-homme Géronte, Valere parlant à Harpagon des beaux yeux de sa fille, tandis qu'Harpagon n'entend que les beaux yeux de sa Cassette, Pourceaugnac à qui on tâte le pouls, parce qu'on le veut faire passer pour fou ; en un mot, les méprises, les équivoques de pareille espèce, excitent un rire général.

Arlequin ne fait guère rire que quand il se méprend, & voilà pourquoi le titre de *Balourd* lui étoit si bien aproprié.

Il y a bien d'autres genres de comique: il y a des plaisanteries qui causent une autre sorte de plaisir ; mais je n'ai jamais vû ce qui s'apelle rire de tout son cœur, soit aux Spectacles, soit dans la société, que dans des cas aprochans de ceux dont je viens de parler.

Il y a des caractères ridicules dont la représentation plaît, sans causer ce rire immodéré de joye : *Trissotin* & *Vadius*, par exemple, semblent être de ce genre; le *Joueur*, le *Grondeur*, qui font un plaisir inexprimable, ne permettent guère le rire éclatant.

Il y a d'autres ridicules mêlés de vice, dont on est charmé de voir la peinture, & qui ne causent qu'un plaisir sérieux. Un malhonnête homme ne fera jamais rire, parce que dans le rire il entre toujours de la gayeté incompatible avec le mépris & l'indignation.

Il est vrai qu'on rit au *Tartuffe*, mais ce n'est pas de son hypocrisie, c'est de la méprise du bon-homme qui le croit un Saint ; & l'hypocrisie une fois reconnue, on ne rit plus, on sent d'autres impressions.

On pourroit aisément remonter aux sources de nos autres sentimens, à ce qui excite la gayeté, la curiosité, l'intérêt, l'émotion, les larmes.

Ce seroit sur-tout aux Auteurs Dramatiques à nous déveloper tous ces ressorts, puisque ce sont eux qui les font jouer. Mais ils sont plus occupés de remuer les passions, que de les examiner: ils sont persuadés qu'un sentiment vaut mieux qu'une définition; & je suis trop de leur avis pour mettre un Traité de Philosophie au-devant d'une Piéce de Théâtre.

Je me bornerai simplement à insister encore un peu sur la nécessité où nous sommes d'avoir des choses nouvelles.

Si l'on avoit toujours mis sur le Théâtre Tragique la Grandeur Romaine, à la fin on s'en seroit rebuté. Si les Héros ne parloient jamais que tendresse, on seroit affadi:

O Imitatores servum pecus!

Les bons Ouvrages que nous avons depuis les Corneilles, les Moliéres, les Racines, les Quinauts, les Lullis, les le Bruns, me paroissent tous avoir quelque chose de neuf & d'original qui les a sauvés du naufrage. Encore une fois, tous les genres sont bons, hors le genre ennuyeux.

Ainsi il ne faut jamais dire, si cette Musique n'a pas réussi, si ce Tableau ne plaît pas, si cette Piéce est tombée, c'est que cela étoit d'une espèce nouvelle; il faut dire, c'est que cela ne vaut rien dans son espèce.

ACTEURS.

EUPHEMON Pere.
EUPHEMON Fils.
FIERENFAT, Président de Cognac, second fils d'Euphémon.
RONDON, Bourgeois de Cognac.
LISE, Fille de Rondon.
LA BARONNE de Croupillac,
MARTHE, Suivante de Lise.
JASMIN, Valet d'Euphémon fils.

La Scène est à Cognac.

L'ENFANT PRODIGUE TRAGEDIE.

L'ENFANT PRODIGUE,

COMEDIE.

✻✻✻✻✻✻✻✻✻✻:✻:✻:✻✻✻✻✻✻✻✻✻

ACTE PREMIER,

SCENE PREMIERE,

EUPHEMON, RONDON.

RONDON.

Ou triste Ami, mon cher & vieux voisin,
Que de bon cœur j'oublirai ton chagrin!
Que je rirai! Quel plaisir, que ma fille
Va ranimer ta dolente famille!
Mais, Mons ton fils, le Sieur de Fierenfat,

Me semble avoir un procédé bien plat.
EUPHEMON.
Quoi donc !
RONDON.
Tout fier des Magistratures,
Il fait l'amour avec poids & mesure.
Adolescent, qui s'érige en Barbon,
Jeune Ecolier, qui vous parle en Caton,
Est, à mon sens, un Animal bernable,
Et j'aime mieux l'air fou, que l'air capable;
Il est trop fat.
EUPHEMON.
Et vous êtes aussi
Un peu trop brusque.
RONDON.
Ah ! je suis fait ainsi.
J'aime le vrai, je me plais à l'entendre,
J'aime à le dire, à gourmander mon Gendre,
A bien mâter cette fatuité,
Et l'air pédant dont il est encroûté.
Vous avez fait, Beau pere, en Pere sage,
Quand son Aîné, ce joueur, ce volage,
Ce débauché, ce fou partit d'ici,
De donner tout à ce sot Cadet-ci;
De mettre en lui toute votre espérance;
Et d'acheter pour lui la Présidence
De cette Ville. Oui, c'est un trait prudent,
Mais dès qu'il fut Monsieur le Président,
Il fut, ma foi, gonflé d'impertinence;
Sa gravité marche & parle en cadence,

COMEDIE.

Il dit qu'il a bien plus d'esprit que moi,
Qui, comme on sait, en ai bien plus que toi,
Il en....

EUPHEMON.

Eh mais, quelle humeur vous emporte ?
Faut-il toujours ...

RONDON.

    Va, va, laisse, qu'importe !
Tous ces défauts, vois-tu, sont comme rien,
Lorsque d'ailleurs on amasse un gros bien.
Il est avare, & tout avare est sage.
Oh ! c'est un vice excellent en ménage.
Un très-bon vice. Allons, dès aujourd'hui
Il est mon gendre, & ma Lise est à lui.
Il reste donc, notre triste Beau-pere,
A faire ici donation entiere
De tous vos biens, contrats, acquis, conquis,
Présens, futurs, à Monsieur votre fils,
En réservant sur votre vieille tête,
D'un usufruit l'entretien fort honnête ;
Le tout en bref arrêté, cimenté,
Pour que ce fils bien cossu, bien doté,
Joigne à nos biens une vaste opulence,
Sans quoi soudain ma Lise à d'autres pense.

EUPHEMON.

Je l'ai promis, & j'y satisferai ;
Oui, Fierenfat aura le bien que j'ai.
Je veux couler au sein de la Retraite
La triste fin de ma vie inquiéte ;
Mais je voudrois qu'un fils si bien doté

Eût pour mes biens un peu moins d'âpreté.
J'ai vû d'un fils la débauche insensée,
Je vois dans l'autre une ame intéressée.

RONDON.

Tant mieux, tant mieux.

EUPHEMON.

Cher ami, je suis né
Pour n'être rien qu'un Pere infortuné.

RONDON.

Voilà-t'il pas de vos jérémiades,
De vos regrets, de vos complaintes fades ?
Voulez-vous pas que ce maître Etourdi,
Ce bel Ainé dans le vice enhardi,
Venant gâter les douceurs que j'aprête,
Dans cet Hymen paroisse en trouble-fête ?

EUPHEMON.

Non.

RONDON.

Voulez-vous qu'il vienne sans façon,
Mettre en jurant le feu dans la Maison ?

EUPHEMON.

Non.

RONDON.

Qu'il vous batte, & qu'il m'enleve Lise.
Lise autrefois à cet Ainé promise ;
Ma Lise qui...

EUPHEMON.

Que cet objet charmant
Soit préservé d'un pareil Garnement !

COMEDIE.
RONDON.
Qu'il rentre ici pour dépouiller son pere?
Pour succéder?
EUPHEMON.
    Non... tout est à son frere.
RONDON.
Ah! sans cela point de Lise pour lui.
EUPHEMON.
Il aura Lise & mes biens aujourd'hui;
Et son Aîné n'aura pour tout partage,
Que le courroux d'un Pere qu'il outrage,
Il le mérite, il fut dénaturé.
RONDON.
Ah! vous l'aviez trop long-tems enduré:
L'autre du moins agit avec prudence;
Mais cet Aîné! quels traits d'extravagance!
Le libertin, mon Dieu, que c'étoit là!
Te souvient-il, vieux Beau-pere, ah, ah, ah,
Qu'il te vola, ce tour est bagatelle,
Chevaux, habits, linge, meubles, vaisselle,
Pour équiper la petite Jourdain,
Qui le quitta le lendemain matin.
J'en ai bien ri, je l'avoue.
EUPHEMON.
     Ah! quels charmes
Trouvez-vous donc à rapeller mes larmes?
RONDON.
Et sur un As mettant vingt rouleaux d'or,
Eh, eh!

A 6

EUPHEMON.
Cessez.
RONDON.
Te souvient-il encor
Quand l'Etourdi dut en face d'Eglise
Se fiancer à ma petite Lise,
Dans quel endroit on le trouva caché,
Comment, pour qui... peste quel débauché !
EUPHEMON.
Epargnez-moi ces indignes histoires,
De sa conduite impressions trop noires;
Ne suis-je pas assez infortuné ?
Je suis sorti des lieux où je suis né,
Pour m'épargner, pour ôter de ma vûe,
Ce qui rapelle un malheur qui me tue :
Votre commerce ici vous a conduit,
Mon amitié, ma douleur vous y suit.
Ménagez-les, vous prodiguez sans cesse
La vérité, mais la vérité blesse.
RONDON.
Je me tairai, soit : j'y consens; d'accord.
Pardon; mais Diable, aussi vous aviez tort,
En connoissant le fougueux caractère
De votre fils, d'en faire un Mousquetaire.
EUPHEMON.
Encor !
RONDON.
Pardon; mais vous deviez...
EUPHEMON.
Je dois

COMEDIE.

Oublier tout pour notre nouveau choix,
Pour mon Cadet & pour son mariage;
C'a, pensez-vous que ce Cadet si sage,
De votre fille ait pû toucher le cœur?

RONDON.
Assurément. Ma fille a de l'honneur,
Elle obéït à mon pouvoir suprême,
Et quand je dis : Allons, je veux qu'on aime,
Son cœur docile & que j'ai sû tourner,
Tout aussi-tôt aime sans raisonner.
A mon plaisir j'ai paîtri sa jeune ame.

EUPHEMON.
Je doute un peu pourtant qu'elle s'enflâme
Par vos leçons; & je me trompe fort
Si de vos soins votre fille est d'accord.
Pour mon Aîné j'obtins le sacrifice
Des premiers vœux de son ame novice,
Je sai quels sont ces premiers traits d'amour;
Le cœur est tendre, il saigne plus d'un jour.

RONDON.
Vous radotez.

EUPHEMON.
   Quoi que vous puissiez dire,
Cet Etourdi pouvoit très-bien séduire.

RONDON.
Lui! point du tout; ce n'étoit qu'un Vaurien.
Pauvre bon homme! allez, ne craignez rien.
Car à ma fille, après ce beau ménage,
J'ai défendu de l'aimer davantage;
Ayez le cœur sur cela réjoüi,

Quand j'ai dit non, perſonne ne dit oüi.
Voyez plutôt.

SCENE II.

EUPHEMON, RONDON, LISE, MARTHE.

RONDON.

Aprochez, venez Liſe,
Ce jour pour vous eſt un grand jour de criſe.
Que je te donne un mari jeune ou vieux,
Ou laid ou beau, triſte ou gai, riche, ou gueux,
Ne ſens-tu pas des deſirs de lui plaire,
Du goût pour lui, de l'amour ?

LISE.
                      Non, mon Pere,

RONDON.
Comment, Coquine ?

EUPHEMON.
                    Ah, ah, notre féal,
Votre pouvoir va, ce ſemble, un peu mal ;
Qu'eſt devenu ce deſpotique empire ?

RONDON.
Comment, après tout ce que j'ai pû dire,
Tu n'aurois pas un peu de paſſion
Pour ton futur Epoux ?

COMEDIE.
LISE.
Mon Pere, non.
RONDON.
Ne sais-tu pas que le devoir t'oblige
A lui donner tout ton cœur ?
LISE.
Non, vous dis-je.
Je sai, mon Pere, à quoi ce nœud sacré
Oblige un cœur de vertu pénétré.
Je sai qu'il faut, aimable en sa sagesse,
De son Epoux mériter la tendresse,
Et réparer du moins par la bonté,
Ce que le sort nous refuse en beauté.
Etre au dehors discrette, raisonnable,
Dans sa maison, douce, égale, agréable.
Quant à l'amour, c'est tout un autre point.
Les sentimens ne se commandent point.
N'ordonnez rien, l'amour fuit l'esclavage,
De mon Epoux le reste est le partage,
Mais pour mon cœur il le doit mériter ;
Ce cœur au moins difficile à dompter,
Ne peut aimer ni par ordre d'un Pere,
Ni par raison, ni par devant Notaire.
EUPHEMON.
C'est à mon gré raisonner sensément,
J'approuve fort ce juste sentiment ;
C'est à mon fils à tâcher de se rendre
Digne d'un cœur aussi noble que tendre.
RONDON.
Vous tairez-vous, radoteur complaisant,

Flatteur Barbon, vain corrupteur d'Enfans?
Jamais sans vous ma fille bien apprise
N'eût devant moi lâché cette sottise. (*A Lise.*)
Ecoute, toi : je te baille un mari,
Tant soit peu fat, & par trop renchéri ;
Mais c'est à moi de corriger mon Gendre,
Toi, tel qu'il est, c'est à toi de le prendre,
De vous aimer, si vous pouvez tous deux,
Et d'obéir à tout ce que je veux,
C'est-là ton lot ; & toi, notre Beau-pere,
Allons signer chez notre gros Notaire,
Qui vous allonge en cent mots superflus,
Ce qu'on diroit en quatre, tout au plus :
Allons hâter son bavard grifonnage,
Lavons la tête à ce large visage ;
Puis je reviens, après cet entretien,
Gronder ton fils, ma fille & toi.

EUPHE'MON.
Fort bien.

SCE'NE III.

LISE, MARTHE.

MARTHE.

Mon Dieu ! qu'il joint à tous ces airs grotesques
Des sentimens & des travers burlesques !

LISE.

Je suis sa fille, & de plus son humeur

N'altére point la bonté de son cœur :
Et sous les plis d'un front attrabilaire,
Sous cet air brusque, il a l'ame d'un Pere ;
Quelquefois même, au milieu de ses cris,
Tout en grondant il céde à mes avis.
Il est bien vrai qu'en blâmant la personne,
Et les défauts du mari qu'il me donne,
En me montrant d'une telle union
Tous les dangers, il a grande raison ;
Mais lorsqu'ensuite il ordonne que j'aime,
Dieu ! que je sens que son tort est extrême !

MARTHE.
Comment aimer un Monsieur Fierenfat ?
J'épouserois plutôt un vieux Soldat,
Qui jure, boit, bat sa femme & qui l'aime,
Qu'un fat en Robe, enyvré de lui-même :
Qui d'un ton grave, & d'un air de Pédant,
Semble juger sa femme, en lui parlant ;
Qui comme un Paon dans lui-même se mire,
Sous son rabat, se rengorge, & s'admire,
Et plus avare encor que suffisant,
Vous fait l'amour en comptant son argent.

LISE.
Ah ! ton pinceau l'a peint d'après nature ;
Mais qu'y ferai-je ? il faut bien que j'endure
L'état forcé de cet Hymen prochain.
On ne fait pas comme on veut son destin,
Et mes parens, ma fortune, mon âge,
Tout de l'Hymen me prescrit l'esclavage :
Ce Fierenfat est, malgré mes dégoûts,

Le seul qui puisse être ici mon Epoux ;
Il est le fils de l'ami de mon Pere,
C'est un parti devenu nécessaire.
Hélas ! quel cœur, libre dans ses soupirs,
Peut se donner au gré de ses desirs ?
Il faut céder : le tems, la patience
Sur mon Epoux vaincront ma répugnance;
Et je pourrai, soumise à mes liens,
A ses défauts me prêter comme aux miens.

MARTHE.

C'est bien parler ; belle & discrette Lise,
Mais votre cœur tant soit peu se déguise;
Si j'osois... mais vous m'avez ordonné
De ne parler jamais de cet Aîné.

LISE.

Quoi ?

MARTHE.

D'Euphémon, qui, malgré tous ses vices,
De votre cœur eut les tendres prémices,
Qui vous aimoit.

LISE.

Il ne m'aima jamais ;
Ne parlons plus de ce nom que je hais.

MARTHE *en s'en allant.*

N'en parlons plus.

LISE *la retenant.*

Il est vrai : sa jeunesse
Pour quelque tems a surpris ma tendresse;
Etoit-il fait pour un cœur vertueux?

COMEDIE.

MARTHE *en s'en allant.*
C'étoit un fou, ma foi, très-dangereux.
LISE *revenant.*
De corrupteurs sa jeunesse entourée,
Dans les excès se plongeoit égarée,
Le malheureux ! il cherchoit, tour à tour,
Tous les plaisirs, il ignoroit l'amour.
MARTHE.
Mais autrefois vous m'avez paru croire
Qu'à vous aimer il avoit mis sa gloire,
Que dans vos fers il étoit engagé.
LISE.
S'il eût aimé, je l'aurois corrigé.
Un amour vrai, sans feinte & sans caprice,
Est en effet le plus grand frein du vice :
Dans ses liens qui sçait se retenir,
Est honnête homme, ou va le devenir ;
Mais Euphémon dédaigna sa Maîtresse,
Pour la débauche il quitta la tendresse.
Ses faux amis, indigens, scélerats,
Qui dans le piége avoient conduit ses pas,
Ayant mangé tout le bien de sa mere,
Ont sous nom volé son triste pere ;
Pour comble enfin, ces séducteurs cruels
L'ont entraîné loin des bras paternels,
Loin de mes yeux, qui, noyez dans les larmes,
Pleuroient encor ses vices & ses charmes,
Je ne prends plus nul intérêt à lui.
MARTHE.
Son frere enfin lui succéde aujourd'hui.

Il aura Life : & certes c'est dommage ;
Car l'autre avoit un bien joli visage,
De blonds cheveux, la jambe faite au tour,
Dansoit, chantoit, étoit né pour l'amour.

LISE.
Ah ! que dis tu ?

MARTHE.
Même dans ces mélanges
D'égaremens, de sottises étranges,
On découvroit aisément dans son cœur
Sous ses défauts, un certain fond d'honneur.

LISE.
Il étoit né pour le Bien, je l'avoue.

MARTHE.
Ne croyez pas que ma bouche le loue ;
Mais il n'étoit, me semble, point flatteur,
Point médisant, point escroc, point menteur.

LISE.
Oui, mais . . . .

MARTHE.
Fuyons, car c'est Monsieur son Frere.

LISE.
Il faut rester, c'est un mal nécessaire.

SCENE IV.
LISE, MARTHE, LE PRE'SIDENT FIERENFAT.

FIERENFAT.

JE l'avouerai, cette Donation
Doit augmenter la satisfaction,
Que vous avez d'un si beau mariage :
Surcroit de Biens est l'ame du ménage,
Fortune, Honneurs, & Dignités, je croi,
Abondamment se trouvent avec moi ;
Et vous aurez dans Cognac, à la ronde,
L'honneur du pas sur les gens du beau monde,
C'est un plaisir bien flatteur que cela,
Vous entendrez murmurer, *la voilà.*
En vérité, quand j'examine au large,
Mon Rang, mon Bien, tous les droits de ma
  Charge,
Les agrémens que dans le monde j'ai,
Les droits d'Aînesse où je suis subrogé,
Je vous en fais mon compliment, Madame.

MARTHE.
Moi, je la plains, c'est une chose infâme,
Que vous mêliez dans tous vos entretiens
Vos Qualités, votre Rang & vos Biens.
Etre à la fois & Midas & Narcisse,
Enflé d'orgueil & pincé d'avarice,
Lorgner sans cesse avec un œil content

Et sa personne & son argent comptant :
Etre en rabat un Petit-Maître avare,
C'est un excès de ridicule rare :
Un jeune fat, passe encor ; mais, ma foi,
Un jeune avare est un Monstre pour moi.

FIERENFAT.

Ce n'est pas vous probablement, ma Mie,
A qui mon Pere aujourd'hui me marie ;
C'est à Madame. Ainsi donc, s'il vous plaît,
Prenez à nous un peu moins d'intérêt ; (*à Lise.*)
Le silence est votre fait … Vous, Madame,
Qui dans une heure ou deux serez ma femme,
Avant la nuit vous aurez la bonté
De me chasser ce Gendarme effronté,
Qui sous le nom d'une Fille suivante,
Donne carriére à sa langue impudente ;
Je ne suis pas un Président pour rien,
Et nous pourrions l'enfermer pour son bien.

MARTHE *à Lise*.

Défendez-moi, parlez-lui, parlez ferme :
Je suis à vous, empêchez qu'on m'enferme ;
Il pourroit bien vous enfermer aussi.

LISE.

J'augure mal déja de tout ceci.

MARTHE.

Parlez-lui donc ; laissez ces vains murmures.

LISE.

Que puis-je, hélas ! lui dire ?

MARTHE.

                 Des injures.

COMÉDIE.

LISE.

Non, des raisons valent mieux.

MARTHE.

Croyez-moi,
Point de raisons, c'est le plus sûr.

SCENE V.

RONDON, ACTEURS PRECEDENS.

RONDON.

Ma foi
Il nous arrive une plaisante affaire.

FIERENFAT.

Eh quoi, Monsieur ?

RONDON.

Ecoute. A ton vieux Pere
J'allois porter notre papier timbré,
Quand nous l'avons ici près rencontré,
Entretenant au pied de cette Roche,
Un Voyageur qui descendoit du Coche.

LISE.

Un Voyageur jeune....

RONDON.

Nenni vraiment,
Un béquillard, un vieux ridé sans dent.
Nos deux Barbons d'abord avec franchise
L'un contre l'autre ont mis leur barbe grise :
Leurs dos voutés s'élevoient, s'abaissoient,

Aux longs élans des soupirs qu'ils pouſſoient:
Et ſur leur nez leur prunelle éraillée
Verſoit les pleurs dont elle étoit mouillée:
Puis Euphémon, d'un air tout rechigné,
Dans ſon logis ſoudain s'eſt rencogné;
Il dit qu'il ſent une douleur inſigne,
Qu'il faut au moins qu'il pleure avant qu'il
 ſigne,
Et qu'à perſonne il ne prétend parler.

FIERENFAT.

Ah! je prétends moi l'aller conſoler.
Vous ſavez tous comme je le gouverne,
Et d'aſſez près la choſe nous concerne:
Je le connois, & dés qu'il me verra
Contrat en main, d'abord il ſignera;
Le tems eſt cher, mon nouveau droit d'aîneſſe
Eſt un objet.

LISE.

Non, Monſieur, rien ne preſſe.

RONDON.

Si fait tout preſſe, & c'eſt ta faute auſſi,
Que tout cela.

LISE.

Comment, moi! ma faute?

RONDON.

Oui.
Les contretems, qui troublent les familles,
Viennent toujours par la faute des filles.

LISE.

Qu'ai-je donc fait, qui vous fâche ſi fort?

RONDON.

RONDON.
Vous avez fait, que vous avez tous tort.
Je veux un peu voir nos deux vieux troubles-
fêtes,
A la raison ranger leurs lourdes têtes ;
Et je prétends vous marier tantôt,
Malgré leurs dents, malgré vous, s'il le faut.

Fin du premier Acte.

ACTE II.
SCENE PREMIERE.
LISE, MARTHE.
MARTHE.

Vous frémissez en voyant de plus près
Tout ce fracas, ces nôces, ces apprêts.
LISE.
Ah ! plus mon cœur s'étudie & s'essaye,
Plus de ce joug la pesanteur m'effraye :
A mon avis, l'Hymen & ses liens
Sont les plus grands, ou des Maux, ou des
Biens.
Point de milieu ; l'état du mariage
Est des Humains le plus cher avantage,
Quand le raport des esprits & des cœurs,
Des sentimens, des goûts & des humeurs,
Serre ces nœuds tissus par la Nature,

B

Que l'Amour forme & que l'Honneur épure.
Dieux ! quel plaisir d'aimer publiquement,
Et de porter le nom de son Amant !
Votre Maison, vos Gens, votre Livrée,
Tout vous retrace une image adorée :
Et vos enfans, ces gages précieux,
Nés de l'amour, en sont de nouveaux nœuds;
Un tel Hymen, une union si chére,
Si l'on en voit, c'est le Ciel sur la Terre.
Mais tristement vendre par un Contrat
Sa liberté, son nom & son état,
Aux volontés d'un Maître despotique,
Dont on devient le premier domestique ;
Se quéreller, ou s'éviter le jour,
Sans joye à table, & la nuit sans amour :
Trembler toujours d'avoir une foiblesse,
Y succomber, ou combattre sans cesse :
Tromper son Maître, ou vivre sans espoir
Dans les langueurs d'un importun devoir;
Gémir, sécher dans sa douleur profonde,
Un tel Hymen est l'Enfer en ce Monde.

MARTHE.

En vérité les filles, comme on dit,
Ont un Démon qui leur forme l'esprit :
Que de lumiére en une ame si neuve !
La plus experte & la plus fine Veuve,
Qui sagement se console à Paris
D'avoir porté le deuil de trois maris,
N'en eût pas dit sur ce point davantage.
Mais vos dégoûts sur ce beau mariage

COMEDIE.

Auroient besoin d'un éclaircissement.
L'Hymen déplaît avec le Président :
Vous plairoit-il avec Monsieur son Frere ?
Débrouillez-moi, de grace, ce mystère ;
L'Aîné fait-il bien du tort au Cadet ?
Haïssez-vous ? aimez-vous ? parlez net.

LISE.

Je n'en sai rien, je ne peux & je n'ose
De mes dégoûts bien démêler la cause :
Comment chercher la triste vérité
Au fond d'un cœur, hélas ! trop agité ?
Il faut au moins pour se mirer dans l'onde,
Laisser calmer la tempête qui gronde ;
Et que l'orage & les vents en repos,
Ne rident plus la surface des Eaux.

MARTHE.

Comparaison n'est pas raison, Madame :
On lit très-bien dans le fond de son ame :
On y voit clair ; & si les passions
Portent en nous tant d'agitations,
Fille de bien sait toujours dans sa tête
D'où vient le vent qui cause la tempête.
On sait...

LISE.

   Et moi, je ne veux rien savoir :
Mon œil se ferme, & je ne veux rien voir :
Je ne veux point chercher si j'aime encore
Un malheureux, qu'il faut bien que j'abhorre.
Je ne veux point accroître mes dégoûts
Du vain regret d'un plus aimable Epoux :

L'ENFANT PRODIGUE,

Que loin de moi cet Euphémon, ce traître,
Vive content, soit heureux, s'il peut l'être :
Qu'il ne soit pas au moins deshérité ;
Je n'aurai pas l'affreuse dureté,
Dans ce Contrat, où je me détermine,
D'être sa Sœur pour hâter sa ruine.
Voilà mon cœur, c'est trop le pénétrer ;
Aller plus loin, seroit le déchirer.

SCENE II.

LISE, MARTHE, UN LAQUAIS.

UN LAQUAIS.

Là-bas, Madame, il est une Baronne
De Croupillac.

LISE.

Sa visite m'étonne.

LE LAQUAIS.

Qui d'Angoulême arrive justement,
Et veut ici vous faire compliment.

LISE.

Hélas sur quoi ?

MARTHE.

Sur votre Hymen, sans doute.

LISE.

Ah ! c'est encore tout ce que je redoute.
Suis-je en état d'entendre ces propos,
Ces complimens, protocole des Sots,

COMEDIE.

Où l'on se gêne, où le Bon-Sens expire
Dans le travail de parler sans rien dire ?
Que ce fardeau me pèse & me déplaît !

SCENE III.

LISE, MADAME CROUPILLAC, MARTHE.

MARTHE.

Voilà la Dame.

LISE.

Oh ! je vois trop qui c'est.

MARTHE.

On dit qu'elle est assez grande épouseuse,
Un peu plaideuse, & beaucoup radoteuse,

LISE.

Des siéges donc. Madame, pardon si....

Mde. CROUPILLAC.

Ah ! Madame !

LISE.

Eh, Madame !

Mde. CROUPILLAC.

Il faut aussi,

LISE.

S'asseoir, Madame.

Mde. CROUPILLAC *assise*.

En vérité, Madame,
Je suis confuse, & dans le fond de l'ame

L'ENFANT PRODIGUE,

Je voudrois bien...

LISE.
Madame ?

Mde. CROUPILLAC.
Je voudrois
Vous enlaidir, vous ôter vos attraits ;
Je pleure, hélas ! vous voyant si jolie.

LISE.
Confolez-vous, Madame.

Mde. CROUPILLAC.
Oh ! non, ma Mie,
Je ne faurois : je vois que vous aurez
Tous les maris que vous demanderez.
J'en avois un du moins en efpérance,
Un feul, hélas ! c'eft bien peu quand j'y penfe;
Et j'avois eu grand'peine à le trouver.
Vous me l'ôtez, vous allez m'en priver.
Il eft un tems, ah ! que ce tems vient vîte,
Où l'on perd tout quand un Amant nous quitte,
Où l'on eft feule ; & certe il n'eft pas bien,
D'enlever tout à qui n'a prefque rien.

LISE.
Excufez-moi, fi je fuis interdite
De vos difcours & de votre vifite ;
Quel accident afflige vos efprits ?
Qui perdez-vous, & qui vous ai-je pris ?

Mde. CROUPILLAC.
Ma chére enfant, il eft force bégueules
Au teint ridé, qui penfent qu'elles feules,
Avec du fard & quelques fauffes dents,

COMEDIE.

Fixent l'amour, les plaisirs & le tems.
Pour mon malheur, hélas ! je suis plus sage,
Je vois trop bien que tout passe, & j'enrage.

LISE.

J'en suis fâchée, & tout est ainsi fait ;
Mais je ne peux vous rajeunir.

Mde. CROUPILLAC.

Si fait:
J'espére encor ; & ce seroit peut-être,
Me rajeunir, que me rendre mon traître.

LISE.

Mais de quel traître ici me parlez-vous ?

Mde. CROUPILLAC.

D'un Président, d'un ingrat, d'un Epoux,
Que je poursuis, pour qui je perds haleine,
Et sûrement qui n'en vaut pas la peine.

LISE.

Eh bien, Madame ?

Mde. CROUPILLAC.

Eh bien, dans mon Printems,
Je ne parlois jamais aux Présidens :
Je haïssois leur personne & leur stile ;
Mais avec l'âge on est moins difficile.

LISE.

Enfin, Madame ?

Mde. CROUPILLAC.

Enfin, il faut savoir,
Que vous m'avez réduite au desespoir.

LISE.

Comment ? en quoi ?

Mde. CROUPILLAC.
J'étois dans Angoulême,
Veuve, & pouvant disposer de moi-même :
Dans Angoulême en ce tems Fierenfat
Etudioit, aprenti Magistrat :
Il me lorgnoit, il se mit dans la tête
Pour ma personne un amour mal-honnête,
Bien mal-honnête, hélas ! bien outrageant,
Car il faisoit l'amour à mon argent.
Je fis écrire au bon homme de pere,
On s'entremit, on poussa loin l'affaire,
Car en nom souvent on lui parla,
Il répondit qu'il verroit tout cela.
Vous voyez bien que la chose étoit sûre.

LISE.
Oh oui.

Mde. CROUPILLAC.
Pour moi, j'étois prête à conclure ;
De Fierenfat alors le frere Aîné
A votre lit fut, dit-on, destiné.

LISE.
Quel souvenir !

Mde. CROUPILLAC.
C'étoit un fou, ma Chere,
Qui jouissoit de l'honneur de vous plaire.

LISE.
Ah !

Mde. CROUPILLAC.
Ce fou-là s'étant fort dérangé,
Et de son pere ayant pris son congé,

Errant, proscrit, peut-être mort, que sai-je ?
(Vous vous troublez!) mon Héros de Collège,
Mon Président sachant que votre bien
Est, tout compté, plus ample que le mien,
Méprise enfin ma fortune & mes larmes,
De votre dot il convoite les charmes.
Entre vos bras il est ce soir admis ;
Mais pensez-vous qu'il vous soit bien permis
D'aller ainsi courant de frere en frere
Vous emparer d'une famille entiére ?
Pour moi, déja par protestation,
J'arrête ici la célébration ;
J'y mangerai mon Château, mon Douaire,
Et le procès sera fait de maniére,
Que vous, son pere, & les enfans que j'ai,
Nous serons morts avant qu'il soit jugé.

LISE.

En vérité je suis toute honteuse,
Que mon Hymen vous rende malheureuse ;
Je suis peu digne, hélas ! de ce courroux,
Sans être heureux on fait donc des jaloux ?
Cessez, Madame, avec un œil d'envie,
De regarder mon état & ma vie ;
On nous pourroit aisément accorder,
Pour un mari je ne veux point plaider.

Mde. CROUPILLAC.

Quoi, point plaider !

LISE.

Non : je vous l'abandonne.

Mde. CROUPILLAC.

Vous êtes donc sans goût pour sa personne ?
Vous n'aimez point ?

LISE.

Je trouve peu d'attraits
Dans l'Hymenée, & nul dans les procès.

SCENE IV.

Mde CROUPILLAC, LISE, RONDON.

RONDON.

OH, oh, ma fille, on nous fait des affaires,
Qui font dresser les cheveux aux Beaux-peres !
On m'a parlé de protestation,
Eh vertu-bleu, qu'on en parle à Rondon,
Je chasserai bien loin ces créatures.

Mde. CROUPILLAC.

Faut-il encor essuyer des injures ?
Monsieur Rondon, de grace écoutez-moi.

RONDON.

Que vous plaît-il !

Mde. CROUPILLAC.

Votre gendre est sans foi,
C'est un fripon d'espèce toute neuve,
Galant, avare, écornifleur de Veuve,
C'est de l'argent qu'il aime.

RONDON.

Il a raison.

COMEDIE.
Mde. CROUPILLAC.
Il m'a cent fois promis dans ma maison
Un pur amour, d'éternelles tendresses.
RONDON.
Est-ce qu'on tient de semblables promesses ?
Mde. CROUPILLAC.
Il m'a quittée, hélas ! si rudement.
RONDON.
J'en aurois fait de bon cœur tout autant.
Mde. CROUPILLAC.
Je vais parler comme, il faut à son Pere.
RONDON.
Ah ! parlez-lui plutôt qu'à moi.
Mde. CROUPILLAC
      L'affaire
Est effroyable, & le beau Sexe entier,
En ma faveur ira partout crier.
RONDON.
Il criera moins que vous.
Mde. CROUPILLAC.
      Ah ! vos personnes
Sauront un peu ce qu'on doit aux Baronnes.
RONDON.
On en doit rire.
Mde. CROUPILLAC.
     Il me faut un Epoux,
Et je prendrai lui, son vieux pere, ou vous.
RONDON.
Qui, moi ?

L'ENFANT PRODIGUE,

Mde. CROUPILLAC.

Vous-même.

RONDON.

Oh ! je vous en défie.

Mde. CROUPILLAC.

Nous plaiderons.

RONDON.

Mais voyez la folie.

SCENE V.

RONDON, FIERENFAT, LISE,

RONDON à Lise.

JE voudrois bien savoir aussi pourquoi
Vous recevez ces visites chez moi ?
Vous m'attirez toujours des algarades.
Et vous, Monsieur, (à *Fierenfat* le Roi des
Pédans fades,
Quel sot démon vous force à courtiser
Une Baronne, afin de l'abuser ?
C'est bien à vous, avec ce plat visage,
De vous donner les airs d'être volage ;
Il vous sied bien, grave & triste indolent,
De vous mêler du métier de Galant !
C'étoit le fait de votre fou de frere,
Mais vous, mais vous !

FIERENFAT.

Détrompez-vous, Beau-pere,
Je n'ai jamais requis cette union ;

Je ne promis que sous condition,
Me réservant toujours au fond de l'ame,
Le droit de prendre une plus riche femme.
De mon Aîné l'exhérédation,
Et tous les Biens en ma possession,
A votre fille enfin m'ont fait prétendre ;
Argent comptant fait & Beau-pere & Gendre.
RONDON.
Il a raison, ma foi, j'en suis d'accord.
LISE.
Avoir ainsi raison, c'est un grand tort.
RONDON.
L'argent fait tout. Va c'est chose très-sûre,
Hâtons-nous donc sur ce pied de conclure.
D'écus tournois soixante pesans sacs
Finiront tout malgré les Croupillacs ;
Qu'Euphémon tarde, & qu'il me désespere !
Signons toujours avant lui.
LISE.
    Non, mon pere,
Je fais aussi mes protestations ;
Et je me donne à des conditions.
RONDON.
Conditions ! toi, quelle impertinence !
Tu dis, tu dis ?
LISE.
    Je dis ce que je pense.
Peut-on goûter le bonheur odieux
De se nourrir des pleurs d'un malheureux !

A Fierenfat.

Et vous, Monsieur, dans votre sort prospére,
Oubliez-vous que vous avez un frere?

FIERENFAT.

Mon frere? moi? je ne l'ai jamais vû,
Et du logis il étoit disparu,
Lorsque j'étois encor dans notre Ecole,
Le nez collé sur *Cujas* & *Bartole*.
J'ai sû depuis ses beaux déportemens;
Et si jamais il reparoît céans,
Consolez-vous, nous savons les affaires,
Nous l'enverrons en douceur aux Galéres.

LISE.

C'est un projet fraternel & Chrétien;
En attendant vous confisquez son bien :
C'est votre avis; mais moi, je vous déclare
Que je déteste un tel projet.

RONDON.
      Tarare.

Va, mon enfant, le Contrat est dressé,
Sur tout cela le Notaire a passé.

FIERENFAT.

Nos Peres l'ont ordonné de la sorte,
En Droit écrit leur volonté l'emporte :
Lisez *Cujas*, Chapitre cinq, six, sept.
„ Tout libertin de débauches infect,
„ Qui renonçant à l'aîle paternelle
„ Fuit la maison, ou bien qui pille icelle,
„ *Ipso facto* de tout dépossédé,
„ Comme un Bâtard il est exhérédé.

COMEDIE.
LISE.

Je ne connois le Droit, ni la Coûtume.
Je n'ai point lû Cujas, mais je préfume
Que ce font tous des mal-honnêtes gens,
Vrais ennemis du Cœur & du Bon-Sens,
Si dans leur Code, ils ordonnent qu'un frere
Laiffe périr fon frere de miférē;
Et la Nature & l'Honneur ont leurs droits,
Qui valent mieux que *Cujas* & vos Loix.

RONDON.

Ah! laiffez-là vos Loix & votre Code,
Et votre Honneur, & faites à ma mode;
De cet Aîné que t'embarraffes-tu?
Il faut du bien.

LISE.
　　　　　Il faut de la vertu.
Qu'il foit puni, mais au moins qu'on lui laiffe
Un peu de bien, refte d'un droit d'aîneffe,
Je vous le dis, ma main ni mes faveurs
Ne feront point le prix de fes malheurs.
Corrigez donc l'article que j'abhorre
Dans ce Contrat, qui tous nous deshonore
Si l'intérêt ainfi l'a pû dreffer,
C'eft un opprobre, il le faut effacer.

FIERENFAT.
Ah! qu'une femme entend mal les affaires!

RONDON.
Quoi! tu voudrois corriger deux Notaires?
Faire changer un Contrat?

L'ENFANT PRODIGUE,
LISE.
Pourquoi non ?
RONDON,
Tu ne feras jamais bonne Maison:
Tu perdras tout.
LISE.
Je n'ai pas grand usage
Jusqu'à présent du monde & du ménage,
Mais l'Intérêt, mon cœur vous le maintient,
Perd des Maisons, autant qu'il en soûtient.
Si j'en fais une, au moins cet édifice
Sera d'abord fondé sur la Justice.
RONDON.
Elle est têtue : & pour la contenter,
Allons, mon Gendre, il faut s'exécuter.
Ça, donne un peu.
FIERENFAT.
Oui, je donne à mon frere...
Je donne... allons...
RONDON.
Ne lui donne donc guére,

SCENE VI.

EUPHEMON, RONDON, LISE, FIERENFAT.

RONDON.

AH ! le voici le bon homme Euphémon !
Viens, viens, j'ai mis ma fille à la raison :

COMEDIE.

On n'attend plus rien que ta signature :
Preſſes-moi donc cette tardive allure,
Dégourdis-toi, prends un ton réjoui,
Un air de noces, un front épanoui,
Car dans neuf mois, je veux, ne te déplaiſe,
Que deux enfans.... je ne me ſens pas d'aiſe ;
Allons, ris donc, chaſſons tous les ennuis
Signons, ſignons.

EUPHEMON.
    Non, Monſieur, je ne puis.

FIERENFAT.
Vous ne pouvez ?

RONDON.
    En voici bien d'une autre ?

FIERENFAT.
Quelle raiſon ?

RONDON.
    Quelle rage eſt la vôtre ?
Quoi ! tout le monde eſt-il devenu fou ?
Chacun dit non : comment ? pourquoi ? par où ?

EUPHEMON.
Ah ! Ce ſeroit outrager la Nature,
Que de ſigner dans cette conjoncture ?

RONDON.
Seroit-ce point la Dame Croupillac,
Qui ſourdement fait ce maudit micmac ?

EUPHEMON.
Non, cette femme eſt folle, & dans ſa tête
Elle veut rompre un Hymen que j'aprête ;

Mais ce n'est pas de ses cris impuissans
Que sont venus les ennuis que je sens.

RONDON.

Eh bien ; quoi donc ? ce Bequillard du Coche
Dérange tout, & notre affaire accroche ?

EUPHEMON.

Ce qu'il a dit doit retarder du moins
L'heureux Hymen, objet de tant de soins.

LISE.

Qu'a-t'il donc dit, Monsieur ?

FIERENFAT.

      Quelle nouvelle
A-t'il appris ?

EUPHEMON.

     Une, hélas ! trop cruelle.
Devers Bourdeaux cet homme a vû mon fils
Dans les prisons, sans secours, sans habits,
Mourant de faim, la honte & la tristesse
Vers le tombeau conduisoient sa jeunesse ;
La maladie & l'excès du malheur
De son Printemps avoient séché la fleur,
Et dans son sang la fiévre enracinée
Précipitoit sa derniere journée.
Quand il le vit, il étoit expirant,
Sans doute, hélas ! il est mort à présent.

RONDON.

Voilà, ma foi, sa pension payée.

LISE.

Il seroit mort ?

COMEDIE.
RONDON.
N'en fois point effrayée;
Va, que t'importe?
FIERENFAT.
Ah! Monfieur, la pâleur
De fon vifage efface la couleur.
RONDON.
Elle eft, ma foi, fenfible : ah! la friponne;
Puifqu'il eft mort, allons, je te pardonne.
FIERENFAT.
Mais après tout, mon Pere, voulez-vous?
EUPHEMON.
Ne craignez rien, vous ferez fon Epoux :
C'eft mon bonheur; mais il feroit atroce,
Qu'un jour de deuil devînt un jour de nôce;
Puis-je, mon fils, mêler à ce feftin
Le contretems de mon jufte chagrin,
Et fur vos fronts parés de fleurs nouvelles,
Laiffer couler mes larmes paternelles?
Donnez, mon fils, ce jour à nos foupirs,
Et différez l'heure de vos plaifirs;
Par une joye indifcrette, infenfée,
L'honnêteté feroit trop offenfée.
LISE.
Ah! oui, Monfieur, j'approuve vos douleurs;
Il m'eft plus doux de partager vos pleurs,
Que de former les nœuds du mariage.
FIERENFAT.
Eh! mais mon Pere...

RONDON.

              Eh, vous n'êtes pas sage,
Quoi différer un Hymen projetté,
Pour un ingrat cent fois deshérité ;
Maudit de vous, de sa famille entiére !

EUPHEMON.

Dans ces momens un pere est toujours pere :
Ses attentats, & toutes ses erreurs,
Furent toujours le sujet de mes pleurs ;
Et ce qui pése à mon ame attendrie,
C'est qu'il est mort, sans réparer sa vie.

RONDON.

Réparons-la ; donnons-nous aujourd'hui
Des petits-fils, qui valent mieux que lui;
Signons, dansons, allons, que de foiblesse !

EUPHEMON.

Mais...

RONDON.

      Mais, morbleu, ce procédé me blesse :
De regretter même le plus grand bien,
C'est fort mal fait : douleur n'est bonne à rien;
Mais regretter le fardeau qu'on vous ôte,
C'est une énorme & ridicule faute.
Ce fils aîné, ce fils votre fleau,
Vous mit trois fois sur le bord du tombeau;
Pauvre cher homme ! allez, sa frénésie
Eût tôt ou tard abrégé votre vie ;
Soyez tranquille, & suivez mes avis,
C'est un grand gain que de perdre un tel fils.

COMEDIE.
EUPHEMON.

Oui, mais ce gain coûte plus qu'on ne pense,
Je pleure hélas! sa mort & sa naissance.

RONDON *à Fierenfat.*

Vas, suis ton pere, & sois expéditif,
Prends ce Contrat, le mort suifit le vif:
Il n'est plus tems qu'avec moi l'on barguigne;
Prends-lui la main, qu'il paraphe & qu'il signe.

A Lise.

Et toi, ma fille, attendons à ce soir,
Tout ira bien.

LISE.
Je suis au desespoir.

Fin du second Acte.

ACTE III.

SCENE PREMIERE.

EUPHEMON FILS, JASMIN.
JASMIN.

OUi, mon Ami, tu fus jadis mon maître;
Je t'ai servi deux ans sans te connaître,
Ainsi que moi réduit à l'Hôpital,
Ta pauvreté m'a rendu ton égal.
Non, tu n'es plus ce Monsieur d'*Entremonde*,
Ce Chevalier si pimpant dans le monde,
Fêté, couru, de femmes entouré,

Nonchalamment de plaisirs enyvré ;
Tout est au Diable. Eteins dans ta mémoire
Ces vains regrets des beaux jours de ta gloire :
Sur du fumier l'orgueil est un abus ;
Le souvenir d'un bonheur qui n'est plus
Est à nos maux un poids insupportable.
Toujours Jasmin, j'en suis moins misérable,
Né pour souffrir, je sai souffrir gayement,
Manquer de tout, voila mon élément :
Ton vieux chapeau, tes guenillons de bure,
Dont tu rougis, c'étoit-là ma parure ;
Tu dois avoir, ma foi, bien du chagrin,
De n'avoir pas été toujours Jasmin.

EUPHEMON FILS.

Que la misère entraîne d'infamie !
Faut-il encor qu'un Valet m'humilie !
Quelle accablante & terrible leçon !
Je sens encor, je sens qu'il a raison.
Il me console au moins à sa maniere :
Il m'accompagne, & son ame grossiere,
Sensible & tendre en sa rusticité,
N'a point pour moi perdu l'humanité :
Né mon égal (puisqu'enfin il est homme)
Il me soutient sous le poids qui m'assomme ;
Il suit gayement mon sort infortuné,
Et mes amis m'ont tous abandonné.

JASMIN.

Toi, des amis, hélas ! mon pauvre Maître,
Apprens-moi donc de grace à les connaître ;

COMEDIE.

Comment sont faits les gens qu'on nomme
amis ?

EUPHEMON FILS.

Tu les a vûs chez moi toujours admis,
M'importunant souvent de leurs visites,
A mes soupers délicats parasites,
Vantant mes goûts d'un esprit complaisant,
Et sur le tout empruntant mon argent ;
De leur bon cœur m'étourdissant la tête,
Et me louant, moi présent.

JASMIN.

Pauvre bête !
Pauvre Innocent ! tu ne les voyois pas
Te chansonner au sortir d'un repas,
Sifler, berner ta bénigne imprudence.

EUPHEMON FILS.

Ah ! je le crois ; car dans ma décadence,
Lorsqu'à Bourdeaux je me vis arrêté,
Aucun de ceux à qui j'ai tout prêté
Ne me vint voir, nul ne m'offrit sa bourse ;
Puis au sortir, malade & sans ressource,
Lorsqu'à l'un d'eux que j'avois tant aimé,
J'allois m'offrir mourant, inanimé,
Sous ces haillons dépouillés, délabrés,
De l'indigence exécrables livrées,
Quand je lui vins demander un secours,
D'où dépendoient mes misérables jours,
Il détourna son œil confus & traître,
Puis il feignit de ne me pas connaître,
Et me chassa comme un Pauvre importun.

JASMIN.
Aucun n'osa te consoler ?
EUPHEMON FILS.
Aucun.
JASMIN.
Ah ! les Amis, Amis, quels infâmes !
EUPHEMON FILS.
Les hommes sont tous de fer.
JASMIN.
Et les femmes ?
EUPHEMON FILS.
J'en attendois hélas ! plus de douceur,
J'en ai cent fois essuyé plus d'horreur :
Celle sur-tout qui m'aimant sans mistère
Sembloit placer son orgueil à me plaire,
Dans son logis meublé de mes présens,
De mes bienfaits acheta des amants,
Et de mon Vin régaloit leur cohue,
Lorsque de faim j'expirois dans sa rue ;
Enfin, Jasmin, sans ce pauvre Vieillard,
Qui dans Bourdeaux me trouva par hazard,
Qui m'avoit vû, dit-il, dans mon enfance,
Une mort prompte eût fini ma souffrance.
Mais en quel lieu sommes-nous, cher Jasmin ?
JASMIN.
Près de Coignac, si je sai mon chemin ;
Et l'on m'a dit que mon vieux premier Maître,
Monsieur Rondon, loge en ces lieux peut-être.
EUPHEMON FILS.
Rondon le pere de.... quel nom dis-tu ?
JASMIN.

COMEDIE.
JASMIN.
Le nom d'un homme assez brusque & bourru.
Je fus jadis Page dans sa Cuisine,
Mais dominé d'une humeur libertine,
Je voyageai : je fus depuis Coureur,
Laquais, Commis, Fantassin, Deserteur,
Puis dans Bourdeaux je te pris pour mon Maître ;
De moi Rondon se souviendra peut-être,
Et nous pourrions dans notre adversité...
EUPHEMON FILS.
Et depuis quand, dis-moi, l'a-tu quitté ?
JASMIN.
Depuis quinze ans. C'étoit un caractére,
Moitié plaisant, moitié triste & colére,
Au fond bon diable : il avoit un enfant,
Un vrai Bijou, fille unique vraiment,
Oeil bleu, nez court, teint frais, bouche vermeille,
Et des raisons ! c'étoit une merveille :
Cela pouvoit bien avoir de mon tems,
A bien compter entre six à sept ans ;
Et cette fleur avec l'âge embellie
Est en état, ma foi, d'être cueillie.
EUPHEMON FILS.
Ah malheureux !
JASMIN.
Mais j'ai beau te parler,
Ce que je dis ne te peut consoler ;
Je vois toujours à travers ta visiére,

C

Tomber des pleurs qui bordent ta paupiére.

EUPHEMON FILS.

Quel coup du fort, ou quel ordre des Cieux,
A pû guider ma misére en ces lieux ?
Hélas !

JASMIN.

Ton œil contemple ces demeures ;
Tu restes-là tout pensif, & tu pleures.

EUPHEMON FILS.

J'en ai sujet.

JASMIN.

Mais connois-tu Rondon ?
Serois-tu pas parent de la Maison ?

EUPHEMON FILS.

Ah ! laisse-moi.

JASMIN *en l'embrassant.*

Par charité, mon Maître.
Mon cher ami, dis-moi qui tu peux être.

EUPHEMON *en pleurant.*

Je suis... je suis un malheureux mortel,
Je suis un fou, je suis un criminel,
Qu'on doit haïr, que le Ciel doit poursuivre,
Et qui devroit être mort.

JASMIN.

Songe à vivre ;
Mourir de faim, est par trop rigoureux,
Tiens, nous avons quatre mains à nous deux,
Servons-nous-en, sans complainte importune;
Vois-tu d'ici ces gens, dont la fortune
Est dans leurs bras, qui, la bêche à la main,

COMEDIE.

Le dos courbé retournent ce Jardin?
Enrôlons-nous parmi cette Canaille;
Viens avec eux, imite-les, travaille,
Gagne ta vie.

EUPHEMON FILS.

Hélas dans leurs travaux,
Ces vils humains, moins Hommes qu'Animaux,
Goûtent des biens, dont toujours mes caprices
M'avoient privé dans mes fausses délices;
Ils ont au moins, sans trouble, sans remords,
La paix de l'ame & la santé du corps.

SCENE II.
Mde. CROUPILLAC, EUPHEMON FILS, JASMIN.

Mde. CROUPILLAC dans l'enfoncement.

QUE vois-je ici? serois-je aveugle ou borgne?
C'est lui, ma foi, plus j'avise & je lorgne
Cet homme-là, plus je dis que c'est lui.
            Elle le considére.
Mais ce n'est plus le même homme aujourd'hui,
Ce Cavalier brillant dans Angoulême
Jouant gros jeu, cousu d'or... c'est lui-même

L'ENFANT PRODIGUE,

Elle aproche d'Euphémon.

Mais l'autre étoit riche, heureux, beau, bien fait,
Et celui-ci me semble pauvre & laid ;
La maladie altére un beau visage,
La pauvreté change encore davantage.

JASMIN.

Mais pourquoi donc ce Spectre féminin
Nous poursuit-il de son regard malin ?

EUPHEMON FILS.

Je la connois, hélas ! ou je me trompe ;
Elle m'a vû dans l'éclat, dans la pompe ;
Il est affreux d'être ainsi dépouillé,
Aux mêmes yeux auxquels on a brillé ;
Sortons.

Mde. CROUPILLAC s'avançant vers Euphémon fils.

Mon fils, quelle étrange avanture
T'a donc réduit en si piétre posture !

EUPHEMON FILS.

Ma faute.

Mde. CROUPILLAC.

Hélas ! comme te voilà mis !

JASMIN.

C'est pour avoir eu d'excellens amis :
C'est pour avoir été volé, Madame.

Mde. CROUPILLAC.

Volé, par qui, comment ?

JASMIN.

Par bonté, Dame.

COMEDIE.

Nos voleurs font de très-honnêtes gens ;
Gens du beau monde, aimables fainéans,
Buveurs, joueurs, & conteurs agréables,
Des gens d'esprit, des femmes adorables.

Mde. CROUPILLAC.

J'entends, j'entends, vous avez tout mangé ;
Mais vous ferez cent fois plus affligés,
Quand vous saurez les excessives pertes,
Qu'en fait d'hymen j'ai depuis peu souffertes.

EUPHEMON FILS.

Adieu, Madame,

Mde. CROUPILLAC *l'arrêtant*.

Adieu ? non, tu sauras
Mon accident ; parbleu tu me plaindras.

EUPHEMON FILS.

Soit, je vous plains, adieu.

Mde. CROUPILLAC.

Non, je te jure
Que tu sauras toute mon avanture,
Un Fierenfat, Robin de son métier,
Vint avec moi connoissance lier,

Elle court après lui.

Dans Angoulême au tems où vous batîtes
Quatre Huissiers, & la fuite vous prîtes,
Ce Fierenfat habite en ce Canton,
Avec son Pere un Seigneur Euphémon.

EUPHEMON FILS *revenant*.

Euphémon !

Mde. CROUPILLAC.

Oui.

EUPHEMON FILS.
Ciel ! Madame, de grace,
Cet Euphémon, cet honneur de sa race
Que ses vertus ont rendu si fameux,
Seroit...

Mde. CROUPILLAC.
Oh oui !

EUPHEMON FILS.
Quoi ! dans ces mêmes lieux ?

Mde. CROUPILLAC.
Oui.

EUPHEMON FILS.
Puis-je au moins savoir... comme il se porte?

Mde. CROUPILLAC.
Fort bien, je croi... que diable vous importe?

EUPHEMON FILS.
Et que dit-on...

Mde. CROUPILLAC.
De qui ?

EUPHEMON FILS.
D'un fils aîné
Qu'il eut jadis ?

Mde. CROUPILLAC.
Ah ! c'est un fils mal né,
Un garnement, une tête legére,
Un fou fieffé, le fleau de son pere,
Depuis long-tems de débauches perdu,
Et qui peut-être est à présent pendu.

EUPHEMON FILS.
En vérité... je suis confus dans l'ame,

COMEDIE.
De vous avoir interrompu, Madame.
Mde. CROUPILLAC.
Pourfuivons donc, Fierenfat fon cadet
Chez moi l'amour hautement me faifoit;
Il me devoit avoir par mariage.
EUPHEMON FILS.
Eh bien! a-t'il ce bonheur en partage?
Eſt-il a vous?
Mde. CROUPILLAC.
Non, ce fat engraiſſé
De tout le lot de fon frere infenfé,
Devenu riche, & voulant l'être encore,
Rompt aujourd'hui cet hymen qui l'honore;
Il veut faifir la fille d'un Rondon,
D'un plat Bourgeois, le Coq de ce Canton.
EUPHEMON FILS.
Que dites-vous? quoi, Madame, il l'époufe!
Mde. CROUPILLAC.
Vous m'en voyez terriblement jaloufe.
EUPHEMON FILS.
Ce jeune objet aimable... dont Jafmin
M'a tantôt fait un portrait tout divin
Se donneroit....
JASMIN.
Quelle rage eft la vôtre!
Autant lui vaut ce mari-là qu'un autre,
Quel diable d'homme! il s'afflige de tout.
EUPHEMON FILS à part.
Ce coup a mis ma patience à bout;

A Mde. Croupillac.

Ne doutez point que mon cœur ne partage
Amérement un si sensible outrage;
Si j'étois cru, cette Lise aujourd'hui,
Assûrément ne seroit pas pour lui.

Mde. CROUPILLAC.

Oh! tu le prends du ton qu'il le faut prendre,
Tu plains mon sort, un gueux est toujours tendre :
Tu paroissois bien moins compâtissant,
Quand tu roulois sur l'or & sur l'argent;
Ecoute, on peut s'entr'aider dans la vie.

JASMIN.

Aidez-nous donc, Madame, je vous prie.

Mde. CROUPILLAC.

Je veux ici te faire agir pour moi.

EUPHEMON FILS.

Moi vous servir? hélas! Madame, en quoi?

Mde. CROUPILLAC.

En tout. Il faut prendre en main mon injure :
Un autre habit, quelque peu de parure,
Te pourroient rendre encor assez joli :
Ton esprit est insinuant, poli,
Tu connois l'art d'empaumer une fille :
Introduis-toi, mon cher, dans la famille,
Fais le flatteur auprès de Fierenfat,
Vantes son bien, son esprit, son rabat,
Sois en faveur, & lorsque je proteste
Contre son vol, toi, mon cher, fais le reste;
Je veux gagner du tems en protestant.

COMEDIE.

EUPHEMON *voyant son pere.*

Que vois-je ! ô Ciel !
Il s'enfuit.

Mde. CROUPILLAC.

Cet homme est fou vraiment;
Pourquoi s'enfuir ?

JASMIN.

C'est qu'il vous craint sans doute.

Mde. CROUPILLAC.

Poltron ! demeure, arrête, écoute, écoute.

SCENE III.
EUPHEMON PERE, JASMIN.

EUPHEMON.

JE l'avouerai, cet aspect imprévu
D'un malheureux avec peine entrevu
Porte à mon cœur je ne sai quelle atteinte,
Qui me remplit d'amertume & de crainte;
Il a l'air noble, & même certains traits
Qui m'ont touché; las ! je ne vois jamais
De malheureux à peu près de cet âge,
Que de mon fils la douloureuse image
Ne vienne alors par un retour cruel
Persécuter ce cœur trop paternel;
Mon fils est mort, ou vit dans la misere,
Dans la débauche, & fait honte à son pere;
De tous côtez je suis bien malheureux,
J'ai deux enfans, ils m'accablent tous deux;

L'un par sa perte & par sa vie infâme
Fait mon supplice & déchire mon ame ;
L'autre en abuse, il sent trop que sur lui
De mes vieux ans j'ai fondé tout l'appui ;
Pour moi la vie est un poids qui m'accable.

Appercevant Jasmin qui le salue.

Que veux-tu l'ami ?

JASMIN.

Seigneur aimable,
Reconnoissez, digne & noble Euphémon,
Certain Jasmin élevé chez Rondon.

EUPHEMON.

C'est toi ! le tems change un visage,
Et mon front chauve en sent le long outrage :
Quand tu partis, tu me vis encor frais ;
Mais l'âge avance, & le terme est bien près ;
Tu reviens donc enfin dans ta patrie ?

JASMIN.

Oui, je suis las de tourmenter ma vie,
De vivre errant & damné comme un Juif ;
Le bonheur semble un Etre fugitif,
Le Diable enfin, qui toujours me proméne,
Me fit partir, le Diable me raméne.

EUPHEMON.

Je t'aiderai : sois sage si tu peux ;
Mais quel étoit cet autre malheureux,
Qui te parloit dans cette promenade,
Qui s'est enfui ?

JASMIN.

Mais.... c'est mon camarade,

COMEDIE.

Un pauvre Hére affamé comme moi,
Qui n'ayant rien, cherche aussi de l'emploi.

EUPHEMON.
On peut tous deux vous occuper peut-être ;
A-t'il des mœurs ? est-il sage ?

JASMIN.
Il doit l'être :
Je lui connois d'assez bons sentimens :
Il a de plus de fort jolis talens,
Il sait écrire, il sait l'Arithmétique,
Dessine un peu, fait un peu de Musique ;
Ce drôle-là fut très-bien élevé.

EUPHEMON.
S'il est ainsi, son poste est tout trouvé :
Jasmin, mon fils deviendra votre maître,
Il se marie, & dès ce soir peut-être,
Avec son bien son train doit augmenter,
Un de ses gens qui vient de le quitter
Vous laisse encore une place vacante ;
Tous deux ce soir il faut qu'on vous présente,
Vous le verrez chez Rondon mon voisin.
J'en parlerai : j'y vais ; adieu, Jasmin ;
En attendant, tiens, voici de quoi boire.

SCENE IV.
JASMIN seul.

AH ! l'honnête homme : ô Ciel, pourroit-on croire
Qu'il soit encor en ce Siécle félon,

Un cœur si droit, un mortel aussi bon ?
Cet air, ce port, cette ame bienfaisante,
Du bon vieux tems est l'image parlante.

SCENE V.

EUPHEMON FILS *revenant*, JASMIN.

JASMIN *en l'embrassant.*

JE t'ai trouvé déja condition,
Et nous serons Laquais chez Euphémon.

EUPHEMON FILS.

Ah !

JASMIN.

S'il te plaît, quel excès de surprise ?
Pourquoi ces yeux de gens qu'on exorcise ?
Et ces sanglots coup sur coup redoublés,
Pressant tes mots au passage étranglés.

EUPHEMON FILS.

Ah ! je ne puis contenir ma tendresse,
Je céde au trouble, au remords qui me presse.

JASMIN.

Qu'a-t'elle dit qui t'ait tant agité ?

EUPHEMON FILS.

Elle m'a dit.... je n'ai rien écouté.

JASMIN.

Qu'avez-vous donc ?

EUPHEMON FILS.

Mon cœur ne peut se taire:
Cet Euphémon....

COMEDIE.

JASMIN.
Eh bien ?
EUPHEMON FILS.
Ah ! ... c'est mon pere.
JASMIN.
Qui, lui, Monsieur ?
EUPHEMON FILS.
Oui, je suis cet aîné,
Ce criminel & cet infortuné,
Qui désola sa famille éperdue ;
Ah ! que mon cœur palpitoit à sa vûe,
Qu'il lui portoit ses vœux humiliés,
Que j'étois prêt de tomber à ses pieds !
JASMIN.
Qui, vous, son fils ? Ah ! pardonnez, de grace,
Ma familiére & ridicule audace ;
Pardon, Monsieur.
EUPHEMON FILS.
Va, mon cœur opressé
Peut-il savoir si tu m'as offensé ?
JASMIN.
Vous êtes fils d'un homme qu'on admire,
D'un homme unique, & s'il faut tout vous dire,
D'Euphémon fils la réputation
Ne flaire pas à beaucoup près si bon.
EUPHEMON FILS.
Et c'est aussi ce qui me désespere ;
Mais réponds-moi : que te disoit mon pere ?
JASMIN.
Moi, je disois que nous étions tous deux

Prêts à servir, bien élevés, très-gueux :
Et lui, plaignant nos destins simpathiques,
Nous recevoit tous deux pour domestiques ;
Il doit ce soir vous placer chez ce fils,
Ce Président à Lise tant promis,
Ce Président votre fortuné Frere,
De qui Rondon doit être le Beau-pere.

EUPHEMON FILS.

Eh bien, il faut développer mon cœur :
Vois tous mes maux, connois leur profondeur :
S'être attiré par un tissu de crimes,
D'un pere aimé les fureurs légitimes,
Etre maudit, être deshérité,
Sentir l'horreur de la mendicité,
A mon Cadet voir passer ma fortune,
Etre exposé dans ma honte importune
A le servir, quand il m'a tout ôté :
Voilà mon sort, je l'ai bien mérité ;
Mais croirois-tu qu'au sein de la souffrance,
Mort aux plaisirs, & mort à l'espérance,
Haï du monde, & méprisé de tous,
N'attendant rien, j'ose être encor jaloux ?

JASMIN.

Jaloux ! De qui ?

EUPHEMON FILS.

De mon frere, de Lise.

JASMIN.

Vous sentiriez un peu de convoitise
Pour votre sœur ? mais vraiment c'est un trait

COMEDIE.

Digne de vous, ce péché vous manquoit.
EUPHEMON FILS.
Tu ne sais pas qu'au sortir de l'enfance,
(Car chez Rondon tu n'étois plus je pense)
Par nos parens l'un à l'autre promis,
Nos cœurs étoient à leurs ordres soumis;
Tout nous lioit, la conformité d'âge,
Celle des goûts, les yeux, le voisinage.
Plantés exprés, deux jeunes Arbrisseaux
Croissent ainsi pour unir leurs rameaux.
Le tems, l'amour qui hâtoit sa jeunesse,
La fit plus belle, augmenta sa tendresse :
Tout l'Univers alors m'eut envié ;
Mais moi pour lors à des méchans lié,
Qui de mon cœur corrompoient l'innocence,
Yvre de tout dans mon extravagance,
Je me faisois un lâche point d'honneur
De méprifer, d'insulter son ardeur.
Le croirois-tu ? je l'accablai d'outrages,
Quels tems, hélas ! les violens orages
Des passions qui troubloient mon destin,
A mes parens m'arracherent enfin ;
Tu sais depuis quel fut mon sort funeste,
J'ai tout perdu, mon amour seul me reste ;
Le Ciel, ce Ciel qui doit nous désunir,
Me laisse un cœur, & c'est pour me punir.
JASMIN.
S'il est ainsi, si dans votre misere
Vous la raimez, n'ayant pas mieux à faire,
De Croupillac le conseil étoit bon,

De vous fourrer, s'il se peut, chez Rondon ;
Le sort maudit épuisa votre bourse,
L'amour pourroit vous servir de ressource.
EUPHEMON FILS.
Moi, l'oser voir, moi, m'offrir à ses yeux,
Après mon crime, en cet état hideux !
Il me faut fuir un Pere, une Maîtresse,
J'ai de tous deux outragé la tendresse,
Et je ne sais, ô regrets superflus,
Lequel des deux me doit haïr le plus !

SCENE VI.
EUPHEMON FILS, FIERENFAT, JASMIN.

Voilà, je crois, ce Président si sage.
EUPHEMON FILS.
Lui ? je n'avois jamais vû son visage.
Quoi ! c'est donc lui, mon frere, mon rival ?
FIERENFAT.
En vérité, cela ne va pas mal ;
J'ai tant pressé, tant sermonné mon pere,
Que malgré lui nous finissons l'affaire ;
En voyant Jasmin.
Où sont ces gens qui vouloient me servir ?
JASMIN.
C'est nous, Monsieur, nous venions nous offrir
Très-humblement.

COMEDIE.
FIERENFAT.
Qui de vous deux fait lire ?
JASMIN.
C'est lui, Monsieur.
FIERENFAT.
Il fait sans doute écrire ?
JASMIN.
Oh oui, Monsieur, déchiffrer, calculer.
FIERENFAT.
Mais il devroit savoir aussi parler ?
JASMIN.
Il est timide, & sort de maladie.
FIERENFAT.
Il a pourtant la mine assez hardie,
Il me paroît qu'il sent assez son bien :
Combien veux-tu gagner de gages ?
EUPHEMON FILS.
Rien.
JASMIN.
Oh, nous avons, Monsieur, l'ame héroïque.
FIERENFAT.
A ce prix-là, viens, sois mon domestique ;
C'est un marché que je veux accepter,
Viens, à ma femme il faut te présenter.
EUPHEMON FILS.
A votre femme ?
FIERENFAT.
Oui, oui, je me marie.
EUPHEMON FILS.
Quand !

FIERENFAT.
Dès ce soir.
EUPHEMON FILS.
Ciel !... Monsieur, je vous prie,
De cet objet vous êtes donc charmé ?
FIERENFAT.
Oui.
EUPHEMON FILS.
Monsieur !
FIERENFAT.
Hem !
EUPHEMON FILS.
En seriez-vous aimé ?
FIERENFAT.
Oui. Vous semblez bien curieux, mon drôle ?
EUPHEMON FILS.
Que je voudrois lui couper la parole,
Et le punir de son trop de bonheur !
FIERENFAT.
Qu'est-ce qu'il dit ?
JASMIN.
Il dit que de grand cœur
Il voudroit bien vous ressembler & plaire.
FIERENFAT
Eh, je le crois, mon homme est téméraire ;
Ça, qu'on me suive, & qu'on soit diligent,
Sobre, frugal, soigneux, adroit, prudent,
Respectueux ; allons la Fleur, la Brie,
Venez, faquins.

COMEDIE.
EUPHEMON FILS.
                    Il me prend une envie,
C'est d'affubler sa face de Palais,
A poings fermés de deux larges soufflets.
             JASMIN.
Vous n'êtes pas trop corrigé, mon Maître.
            EUPHEMON FILS.
Ah! soyons sages, il est bien de l'être,
Le fruit au moins que je dois recueillir
De tant d'erreurs, est de savoir souffrir.

Fin du troisiéme Acte.

ACTE IV.
SCENE PREMIERE.
M^{de}. CROUPILLAC, EUPHEMON
FILS, JASMIN.

M^{de}. CROUPILLAC.

J'Ai, mon très-cher, par prévoyance ex-
  trême,
Fait arriver deux Huissiers d'Angoulême;
Et toi, t'es-tu servi de ton esprit?
As-tu bien fait tout ce que je t'ai dit?
Pourras-tu bien d'un air de prud'homie,
Dans la maison semer la zizanie?
As-tu flatté le on-homme Euphémon.

Parle, as-tu vû la future ?
EUPHEMON FILS.
Hélas ! non.
Mde. CROUPILLAC.
Comment ?
EUPHEMON FILS.
Croyez que je me meurs d'envie
D'être à ses pieds.
Mde. CROUPILLAC.
Allons donc, je t'en prie,
Attaques-la pour me plaire, & rends-moi
Ce traître ingrat, qui séduisit ma foi ;
Je vais pour toi procéder en Justice,
Et tu feras l'amour pour mon service ;
Reprens cet air imposant & vainqueur,
Si sûr de soi, si puissant sur un cœur,
Qui triomphoit si-tôt de la sagesse ;
Pour être heureux, reprens ta hardiesse.
EUPHEMON FILS.
Je l'ai perdue.
Mde. CROUPILLAC.
Eh quoi ! quel embarras !
EUPHEMON FILS.
J'étois hardi, lorsque je n'aimois pas.
JASMIN.
D'autres raisons l'intimident peut-être ;
Ce Fierenfat est ma foi notre maître,
Pour ses Valets il nous retient tous deux.
Mde. CROUPILLAC.
C'est fort bien fait, vous êtes trop heureux :

COMEDIE.

De sa maîtresse être le Domestique,
Est un bonheur, un destin presque unique,
Profitez-en.

JASMIN.
Je vois certains attraits
S'acheminer pour prendre ici le frais,
De chez Rondon, me semble elle est sortie;

Mde. CROUPILLAC.
Eh, sois donc vite amoureux, je t'en prie,
Voici le tems, ose un peu lui parler.
Quoi ! je te vois soupirer & trembler !
Tu l'aimes donc ? ah ! mon cher, ah ! de grace.

EUPHEMON FILS.
Si vous saviez, hélas ! ce qui se passe
Dans mon esprit interdit & confus,
Ce tremblement ne vous surprendroit plus.

JASMIN *en voyant Lise.*
L'aimable enfant, comme elle est embellie !

EUPHEMON FILS.
C'est elle, ô Dieux ! je meurs de jalousie,
De désespoir, de remords & d'amour.

Mde. CROUPILLAC.
Adieu, je vais te servir à mon tour.

EUPHEMON FILS.
Si vous pouvez, faites que l'on differe
Ce triste Hymen.

Mde. CROUPILLAC.
C'est ce que je vais faire.

EUPHEMON FILS.
Je tremble, hélas !

L'ENFANT PRODIGUE,

Il faut tâcher du moins
Que vous puissiez lui parler sans témoins;
Retirons-nous.

EUPHEMON FILS.

Oh! je te suis: j'ignore
Ce que j'ai fait, ce qu'il faut faire encore;
Je n'oserai jamais m'y présenter.

SCENE II.

LISE, MARTHE, JASMIN *dans l'enfoncement*, & EUPHEMON *plus reculé.*

LISE.

J'Ai beau me fuir, me chercher, m'éviter,
Rentrer, sortir, goûter la solitude,
Et de mon cœur faire en secret l'étude,
Plus j'y regarde, hélas! & plus je voi
Que le bonheur n'étoit pas fait pour moi.
Si quelque chose un moment me console
C'est Croupillac, c'est cette vieille folle,
A mon Hymen mettant empêchement;
Mais ce qui vient redoubler mon tourment,
C'est qu'en effet Fierenfat & mon pere,
En sont plus vifs à presser ma misere;
Ils ont gagné le bon-homme Euphémon.

MARTHE.

En vérité, ce Vieillard est trop bon,
Ce Fierenfat est par trop tyrannique,

COMEDIE.

Il le gouverne.

LISE.
Il aime un fils unique,
Je lui pardonne; accablé du premier,
Au moins fur l'autre il cherche à s'apuyer.

MARTHE.
Mais après tout, malgré ce qu'on publie,
Il n'eſt pas sûr que l'autre ſoit ſans vie.

LISE.
Hélas ! il faut (quel funeſte tourment !)
Le pleurer mort, ou le haïr vivant.

MARTHE.
De ſon danger cependant la nouvelle
Dans votre cœur mettoit quelque étincelle.

LISE.
Ah ! ſans l'aimer on peut plaindre ſon ſort.

MARTHE.
Mais n'être plus aimé, c'eſt être mort;
Vous allez donc être enfin à ſon frere ?

LISE.
Ma chere enfant, ce mot me déſeſpére,
Pour Fierenfat tu connois ma froideur,
L'averſion s'eſt changée en horreur;
C'eſt un breuvage affreux, plein d'amertume,
Que, dans l'excès du mal qui me conſume,
Je me réſous de prendre malgré moi,
Et que ma main rejette avec effroi.

JASMIN *tirant Marthe par la robe.*
Puis-je en ſecret, ô gentille Merveille,
Vous dire ici quatre mots à l'oreille ?

MARTHE *à Jasmin.*

Très-volontiers.

LISE *à part.*

O sort ! pourquoi faut-il
Que de mes jours tu respectas le fil,
Lorsqu'un ingrat, un Amant si coupable,
Rendit ma vie, hélas ! si misérable ?

MARTHE *venant à Lise.*

C'est un des gens de votre Président,
Il est à lui, dit-il, nouvellement,
Il voudroit bien vous parler.

MARTHE.

Qu'il attende.

MARTHE *à Jasmin.*

Mon cher ami, Madame vous commande
D'attendre un peu.

LISE.

Quoi ? toujours m'excéder !
Et même absent en tous lieux m'obséder !
De mon Hymen que je suis déja lasse !

JASMIN *à Marthe.*

Ma belle enfant, obtiens-nous cette grace.

MARTHE *revenant.*

Absolument il prétend vous parler.

LISE.

Ah ! je vois bien qu'il faut nous en aller;

MARTHE.

Ce quelqu'un-là veut vous voir tout-à-l'heure,
Il faut, dit-il, qu'il vous parle, ou qu'il meure.

LISE.

COMEDIE.

LISE.
Rentrons donc vîte, & courons me cacher.

SCENE III.

LISE, MARTHE, EUPHEMON FILS
s'apuyant sur Jasmin.

EUPHEMON FILS.
La voix me manque, & je ne peux marcher,
Mes foibles yeux sont couverts d'un nuage.

JASMIN.
Donnez la main : venons sur son passage.

EUPHEMON FILS.
Un froid mortel a passé dans mon cœur ;
(*à Lise.*)
Souffrirez vous ?...

LISE *sans le regarder.*
Que voulez-vous, Monsieur ?

EUPHEMON FILS *se jettant à genoux.*
Ce que je veux ? la mort que je mérite.

LISE.
Que vois-je ? ô Ciel !

MARTHE.
Quelle étrange visite !
C'est Euphémon ! Grand Dieu ! qu'il est changé !

EUPHEMON FILS.
Oui je le suis, votre cœur est vengé ;
Oui, vous devez en tout me méconnaître :

Tom. IV. D

Je ne suis plus ce furieux, ce traître,
Si détesté, si craint dans ce séjour,
Qui fit rougir la Nature & l'Amour.
Jeune, égaré, j'avois tous les caprices,
De mes amis j'avois pris tous les vices,
Et le plus grand, qui ne peut s'effacer,
Le plus affreux fut de vous offenser.
J'ai reconnu, j'en jure par vous-même,
Par la vertu que j'ai fui, mais que j'aime,
J'ai reconnu ma détestable erreur,
Le vice étoit étranger dans mon cœur,
Ce cœur n'a plus les taches criminelles
Dont il couvrit ses clartés naturelles;
Mon feu pour vous, ce feu saint & sacré,
Y reste seul, il a tout épuré.
C'est cet amour, c'est lui qui me raméne,
Non, pour briser votre nouvelle chaîne,
Non, pour oser traverser vos destins,
Un malheureux n'a pas de tels desseins.
Mais quand les maux où mon esprit succombe,
Dans mes beaux jours avoient creusé ma tombe,
A peine encore échapé du trépas.
Je suis venu, l'amour guidoit mes pas;
Oui, je vous cherche à mon heure derniere,
Heureux cent fois en quittant la lumiere,
Si destiné pour être votre époux,
Je meurs au moins sans être haï de vous!

LISE.

Je suis à peine en mon sens revenue;

COMEDIE.

C'eſt vous ? ô Ciel ! vous qui cherchez ma vûë,
Que vous avez fait de tort à tous deux !

EUPHEMON FILS.

Oui, je le ſai : mes excès que j'abhorre,
En vous voyant, ſemblent plus grands encore;
Ils ſont affreux, & vous les connoiſſez;
J'en ſuis puni, mais point encore aſſez.

LISE.

Eſt-il bien vrai ? malheureux que vous êtes !
Qu'enfin domptant vos fougues indiſcretes,
Dans votre cœur, en effet combattu,
Tant d'infortune ait produit la vertu ?

EUPHEMON FILS.

Qu'importe, hélas ! que la vertu m'éclaire ?
Ah ! j'ai trop tard apperçû ſa lumiere,
Trop vainement mon cœur en eſt épris,
De la vertu je perds en vous le prix.

LISE.

Mais répondez, Euphémon, puis-je croire
Que vous ayez gagné cette victoire ?
Conſultez-vous, ne trompez point mes vœux,
Seriez-vous-bien & ſage & vertueux ?

EUPHEMON FILS.

Oui, je le ſuis, car mon cœur vous adore.

LISE.

Vous, Euphémon, vous m'aimeriez encore ?

EUPHEMON FILS.

Si je vous aime ? hélas ! je n'ai vêcu
Que par l'amour qui ſeul m'a ſoutenu ;
J'ai tout ſouffert, tout juſqu'à l'infamie;

Ma main cent fois alloit trancher ma vie,
Je respectai les maux qui m'accabloient;
J'aimai mes jours, ils vous appartenoient.
Oui, je vous dois mes sentimens, mon être,
Ces jours nouveaux qui me luiront peut-être:
De ma raison je vous dois le retour,
Si j'en conserve avec autant d'amour,
Ne cachez point à mes yeux pleins de larmes,
Ce front serein, brillant de nouveaux char-
  mes :
Regardez-moi tout changé que je suis,
Voyez l'effet de mes cruels ennuis,
De longs remords, une horrible tristesse,
Sur mon visage ont flétri la jeunesse :
Je fus peut-être autrefois moins affreux ;
Mais voyez-moi, c'est tout ce que je veux.

LISE.

Si je vous vois constant & raisonnable,
C'en est assez, je vous vois trop aimable.

EUPHEMON FILS.

Que dites-vous ? Juste Ciel ! vous pleurez !

LISE à *Marthe*.

Ah ! soutiens-moi, mes sens sont égarés;
Moi, je serois l'épouse de son frere ?...
N'avez-vous point vû déja votre pere ?

EUPHEMON FILS.

Mon front rougit, il ne s'est point montré
A ce Vieillard que j'ai deshonoré;
Hai de lui, proscrit sans espérance,
J'ose l'aimer, mais je fuis sa présence.

COMEDIE.
LISE.
Eh, quel est donc votre projet enfin ?
EUPHEMON FILS.
Si de mes jours Dieu recule la fin,
Si votre sort vous attache à mon frere,
Je vais chercher le trépas à la guerre ;
Changeant de nom aussi-bien que d'état,
Avec honneur je servirai Soldat ;
Peut-être un jour le bonheur de mes armes
Fera ma gloire, & m'obtiendra vos larmes.
Par ce métier l'honneur n'est point blessé,
Rose & Fabert ont ainsi commencé.
LISE.
Ce désespoir est d'une ame bien haute,
Il est d'un cœur au-dessus de sa faute :
Ces sentimens me touchent encor plus
Que vos pleurs mêmes à mes pieds répandus :
Non, Euphémon, si de moi je dispose,
Si je peux fuir l'hymen qu'on me propose,
De votre sort si je peux prendre soin,
Pour le changer vous n'irez pas si loin.
EUPHEMON FILS.
O Ciel ! mes maux ont attendri votre ame !
LISE.
Ils me touchoient ; votre remords m'enflâme.
EUPHEMON FILS.
Quoi ! vos beaux yeux si long-tems courrou-
 cés,
Avec amour sur les miens sont baissés !
Vous rallumez ces feux si légitimes,

Ces feux sacrés qu'avoient éteint mes crimes ;
Ah ! si mon frere, aux trésors attaché,
Garde mon bien à mon pere arraché,
S'il engloutit à jamais l'héritage,
Dont la Nature avoit fait mon partage ;
Qu'il porte envie à ma félicité,
Je vous suis cher, il est deshérité.
Ah ! je mourrai dans l'excès de ma joie.

MARTHE.
Ma foi, c'est lui qu'ici le Diable envoye.

LISE.
Contraignez donc ces soupirs enflâmés,
Dissimulez.

EUPHEMON FILS.
    Pourquoi ? si vous m'aimez.

LISE.
Ah ! redoutez mes parens, votre pere,
Nous ne pouvons cacher à votre frere
Que vous avez embrassé mes genoux ;
Laissez-le au moins ignorer que c'est vous.

MARTHE.
Je ris déja de sa grave colere.

COMEDIE.

SCENE VI.

LISE, EUPHEMON FILS, MARTHE, JASMIN, FIERENFAT *dans le fond pendant qu'Euphémon lui tourne le dos.*

FIERENFAT.

Ou quelque diable a troublé ma visiere ;
Ou si mon œil est toujours clair & net,
Je suis... j'ai vû... je le suis... j'ai mon fait.
En avançant vers Euphémon.
Ah ! c'est donc toi, traître, impudent, faus-
saire.

EUPHEMON *en colere.*

Je...

JASMIN *se mettant entre eux.*

C'est, Monsieur, une importante affaire,
Qui se traitoit, & que vous dérangez ;
Ce sont deux cœurs en peu de tems changés ;
C'est du respect, de la reconnoissance,
De la vertu... Je m'y perds quand j'y pense.

FIERENFAT.

De la vertu ? Quoi ! lui baiser la main,
De la vertu ? scélérat !

EUPHEMON FILS.

Ah Jasmin,
Que, si j'osois...

FIERENFAT.

Non, tout ceci m'assomme ;

Si c'eût été du moins un Gentilhomme !
Mais un Valet, un gueux, contre lequel,
En intentant un procès criminel,
C'est de l'argent que je perdrai peut-être.

LISE à Euphémon.

Contraignez-vous, si vous m'aimez.

FIERENFAT.

Ah ! traître.
Je te ferai pendre ici, sur ma foi.

A Marthe.

Tu ris, Coquine ?

MARTHE.

Oui, Monsieur.

FIERENFAT.

Et pourquoi ?
De quoi ris-tu ?

MARTHE.

Mais, Monsieur, de la chose...

FIERENFAT.

Tu ne sais pas à quoi ceci t'expose,
Ma bonne amie, & ce qu'au nom du Roi,
On fait par fois aux filles comme toi.

MARTHE.

Pardonnez-moi, je le sais à merveilles.

FIERENFAT à Lise.

Et vous semblez vous boucher les oreilles,
Vous ! infidelle, avec votre air sucré,
Qui m'avez fait ce tour prématuré ;
De votre cœur l'inconstance est précoce ;
Un jour d'hymen ! une heure avant la nôce.

COMEDIE.

Voilà, ma foi, de votre probité!
LISE.
Calmez, Monsieur, votre esprit irrité,
Il ne faut pas sur la simple apparence
Légerement condamner l'innocence.
FIERENFAT.
Quelle innocence!
LISE.
    Oui, quand vous connoîtrez
Mes sentimens, vous les estimerez.
FIERENFAT.
Plaisant chemin pour avoir de l'estime?
EUPHEMON FILS.
Oh! c'en est trop.
LISE *à Euphémon*.
    Quel courroux vous anime?
Eh, reprimez!
EUPHEMON FILS.
    Non, je ne peux souffrir
Que d'un reproche il ose vous couvrir.
FIERENFAT.
Savez-vous bien que l'on perd son Douaire,
Son Bien, sa Dot, quand...
EUPHEMON *en colere, & mettant la main sur la garde de son épée.*
    Savez-vous vous taire?
LISE.
Eh! modérez.
EUPHEMON FILS.
    Monsieur le Président,

Prenez un air un peu moins imposant,
Moins fier, moins haut, moins Juge ; car Madame
N'a pas l'honneur d'être encor votre femme ;
Elle n'est point votre Maîtresse aussi,
Eh ! pourquoi donc gronder de tout ceci ?
Vos droits sont nuls, il faut avoir sû plaire
Pour obtenir le droit d'être en colere ;
De tels apas n'étoient pas faits pour vous,
Il vous sied mal d'être jaloux ;
Madame est bonne, & fait grace à mon zéle ;
Imitez-la, soyez aussi bon qu'elle.

FIERENFAT *en posture de se batre.*
Je n'y puis plus tenir : à moi, mes gens.

EUPHEMON FILS.
Comment ?

FIERENFAT.
Allez me chercher des Sergens.

LISE *à Euphémon fils.*
Retirez-vous.

FIERENFAT.
Je te ferai connaître
Ce que l'on doit de respect à son Maître,
A mon état, à ma robe.

EUPHEMON FILS.
Observez
Ce qu'à Madame ici vous en devez,
Et quant à moi, quoi qu'il puisse en paraître,
C'est vous, Monsieur, qui m'en devez peut-être.

COMEDIE.
FIERENFAT.
Moi... moi ?
EUPHEMON FILS.
Vous... vous
FIERENFAT.
Ce drôle est bien osé,
C'est quelque Amant en valet déguisé:
Qui donc es-tu ? réponds-moi.
EUPHEMON FILS.
Je l'ignore ;
Ma destinée est incertaine encore;
Mon sort, mon rang, mon état, mon bonheur,
Mon être enfin, tout dépend de son cœur,
De ses regards, de sa bonté propice.
FIERENFAT.
Il dépendra bien-tôt de la Justice,
Je t'en réponds ; va, va, je cours hâter
Tous mes Records, & vîte instrumenter.
Allez, perfide, & craignez ma colere,
J'amenerai vos parens, votre pere;
Votre innocence en son jour paraîtra,
Et comme il faut on vous estimera.

SCENE V.
LISE, EUPHEMON FILS, MARTHE.
LISE.

EH, cachez-vous de grace, rentrons vîte
De tout ceci je crains pour nous la suite;
Si votre pere aprenoit que c'est vous,
Rien ne pourroit appaiser son courroux;
Il penseroit qu'une fureur nouvelle,
Pour l'insulter en ces lieux vous rapelle;
Que vous venez entre nos deux Maisons
Porter le trouble & les divisions;
Et l'on pourroit pour ce nouvel esclandre,
Vous enfermer, hélas! sans vous entendre.
MARTHE.
Laissez-moi donc le soin de le cacher;
Soyez-en sûre, on aura beau vous chercher.
LISE.
Allez, croyez qu'il est très-nécessaire
Que j'adoucisse en secret votre pere,
De la Nature il faut que le retour
Soit, s'il se peut, l'ouvrage de l'amour;
Cachez-vous bien ...   (à Marthe.)
        Gardez qu'il ne paroisse;
Eh, va donc vîte.

SCENE VI.
RONDON, LISE.

RONDON.

EH bien ! ma Life, qu'eft-ce ?
Je te cherchois & ton époux auffi.

LISE.

Il ne l'eft pas, je le crois, Dieu merci !

RONDON.

Où vas-tu donc ?

LISE.

Monfieur, la bienféance
M'oblige encor d'éviter fa préfence. (*Elle fort.*)

RONDON.

Ce Préfident eft donc bien dangereux !
Je voudrois être *incognito* près d'eux ;
Là... voir un peu quelle plaifante mine
Font deux Amans qu'à l'hymen on deftine.

SCENE VII.
FIERENFAT, RONDON, SERGENS.

FIERENFAT.

AH ! les fripons, ils font fins & fubtils ;
Où les trouver ? où font-ils, où font-ils ?
Où cachent-ils ma honte & leur frédaine ?

RONDON.
Ta gravité me semble hors d'haleine,
Que prétends-tu ? que cherche-tu ? qu'as-tu ?
Que t'a-t'on fait ?

FIERENFAT.
J'ai qu'on m'a fait Cocu.

RONDON.
Cocu ! tu-dieu ! prends garde, arrête, observe.

FIERENFAT.
Oui, oui, ma femme. Allez, Dieu me préserve
De lui donner le nom que je lui dois ;
Je suis Cocu malgré toutes les Loix.

RONDON.
Mon Gendre !

FIERENFAT.
Hélas ! il est trop vrai, Beau-pere.

RONDON.
Eh quoi la chose !

FIERENFAT.
Oh ! la chose est fort claire.

RONDON.
Vous me poussez.

FIERENFAT.
C'est moi qu'on pousse à bout.

RONDON.
Si je croyois ...

FIERENFAT.
Vous pouvez croire tout.

RONDON.
Mais plus j'entends, moins je comprends, mon Gendre.

COMEDIE. 87
FIERENFAT.
Mon fait pourtant est facile à comprendre.
RONDON.
S'il étoit vrai, devant tous mes voisins,
J'étranglerois ma Lise de mes mains.
FIERENFAT.
Etranglez donc, car la chose est prouvée.
RONDON.
Mais en effet ici je l'ai trouvée,
La voix éteinte & le regard baissé :
Elle avoit l'air timide, embarassé :
Mon Gendre, allons, surprenons la pendarde,
Voyons le cas, car l'honneur me poignarde ;
Tu-dieu, l'honneur ! Oh voyez-vous ? Rondon,
En fait d'honneur, n'entend jamais raison.

Fin du quatriéme Acte.

ACTE V.
SCENE PREMIERE.
LISE, MARTHE.

LISE.

AH ! je me sauve à peine entre tes bras ;
Que de dangers ! quel horrible embarras !
Faut-il qu'une ame aussi tendre, aussi pure,

D'un tel soupçon souffre un moment l'injure!
Cher Euphémon, cher & funeste Amant,
Es-tu donc né pour faire mon tourment?
A ton départ tu m'arrachas la vie,
Et ton retour m'expose à l'infamie. (à Marthe.)
Prens garde au moins, car on cherche partout.

MARTHE.

J'ai mis, je crois, tous mes chercheurs à bout;
Nous braverons le Greffe & l'Ecritoire;
Certains recoins, chez moi, dans mon armoire,
Pour mon usage en secret pratiqués,
Par ces Furets ne sont point remarqués;
Là, votre Amant se tapit, se dérobe
Aux yeux hagards des noirs Pédans en robe;
Je les ai tous fait courir comme il faut,
Et de ces Chiens la meute est en défaut.

SCENE II.
LISE, MARTHE, JASMIN.

LISE.

EH bien, Jasmin, qu'a-t-on fait?

JASMIN.
Avec gloire.
J'ai soutenu mon interrogatoire,

COMEDIE.

Tel qu'un fripon, blanchi dans le métier,
J'ai répondu sans jamais m'effrayer :
L'un vous traînoit sa voix de Pédagogue,
L'autre brailloit d'un ton cas, d'un air rogue,
Tandis qu'un autre avec un ton fluté,
Disoit : Mon fils, sachons la vérité ;
Moi toujours ferme & toujours laconique,
Je rembarrois la Troupe scholastique.

LISE.
On ne sait rien ?

JASMIN.
Non, rien : mais dès demain
On saura tout ; car tout se fait enfin.

LISE.
Ah ! que du moins Fierenfat en colere
N'ait pas le tems de prévenir son pere :
Je tremble encor, & tout accroît ma peur,
Je crains pour lui, je crains pour mon honneur ;
Dans mon amour j'ai mis mes espérances ;
Il m'aidera …

MARTHE.
Moi, je suis dans des trances
Que tout ceci ne soit cruel pour vous ;
Car nous avons deux peres contre nous,
Un Président, les Béguenles, les Prudes,
Si vous saviez quels airs hautains & rudes,
Quel ton sevére & quel sourcil froncé,
De leur vertu le faste rehaussé,
Prend contre vous ; avec quelle insolence

Leur acreté poursuit votre innocence ;
Leurs cris, leur zèle & leur sainte fureur
Vous feroient rire, ou vous feroient horreur.

JASMIN.

J'ai voyagé, j'ai vu du tintamare,
Je n'ai jamais vu semblable bagare,
Tout le logis est sans dessus dessous ;
Ah ! que les gens sont sots, méchans & fous !
On vous accuse, on augmente, on murmure,
En cent façons on conte l'avanture ;
Les Violons sont déja renvoyés
Tout interdits, sans boire, & point payés ;
Pour le festin six tables bien dressées
Dans ce tumulte ont été renversées ;
Le peuple accourt, le Laquais boit & rit,
Et Rondon jure, & Fierenfat écrit.

LISE.

Et d'Euphémon le pere respectable,
Que fait-il donc dans ce trouble effroyable ?

MARTHE.

Madame, on voit sur son front éperdu
Cette douleur qui sied à la vertu ;
Il leve au Ciel les yeux, & ne peut croire,
Que vous ayez d'une tache si noire
Souillé l'honneur de vos jours innocens,
Par des raisons il combat vos parens ;
Enfin surpris des preuves qu'on lui donne,
Il en gémit, & dit que sur personne
Il ne faudra se fier desormais,
Si cette tache a flétri vos attraits.

COMEDIE.
LISE.
Que ce Vieillard m'inspire de tendresse !
MARTHE.
Voici Rondon, Vieillard d'une autre espèce;
Fuyons, Madame.
LISE.
Ah ! gardons-nous en bien;
Mon cœur est pur, il ne doit craindre rien.
JASMIN.
Moi, je crains donc.

SCENE III.
LISE, MARTHE, RONDON.
RONDON.

Matoise, Mijaurée !
Fille pressée, ame dénaturée !
Ah ! Lise, Lise : allons, je veux savoir
Tous les entours de ce procédé noir :
Çà, depuis quand connois-tu le Corsaire ?
Son nom, son rang, comment t'a-t'il pu plaire ?
De ses méfaits je veux savoir le fil ;
D'où nous vient-il ? en quel endroit est-il ?
Réponds, réponds : tu ris de ma colere ;
Tu ne meurs pas de honte ?
LISE.
Non, mon pere.

RONDON.

Encor des *non*? toujours ce chien de ton ;
Et toujours *non*, quand on parle à Rondon !
La négative est pour moi trop suspecte,
Quand on a tort il faut qu'on me respecte,
Que l'on me craigne, & qu'on sache obéir.

LISE.

Oui, je suis prête à vous tout découvrir.

RONDON.

Ah ! c'est parler cela ; quand je menace,
On est petit ...

LISE.

Je ne veux qu'une grace,
C'est qu'Euphémon daignât auparavant
Seul en ce lieu me parler un moment.

RONDON.

Euphémon ? bon ! eh, que pourra-t'il faire ?
C'est à moi seul qu'il faut parler.

LISE.

Mon pere,
J'ai des secrets qu'il faut lui confier,
Pour votre honneur, daignez me l'envoyer,
Daignez ... c'est tout ce que je puis vous dire.

RONDON.

A sa demande encor faut-il souscrire,
A ce bon-homme elle veut s'expliquer,
On peut fort bien souffrir, sans rien risquer,
Qu'en confidence elle lui parle seule,
Puis sur le champ je cloître ma Bégueule.

SCENE IV.
LISE, MARTHE.
LISE.

Digne Euphémon ! pourrois-je te toucher ?
Mon cœur de moi semble se détacher ;
J'attends ici mon trépas ou ma vie ; (*à Marthe.*)
Ecoute un peu. (*Elle lui parle à l'oreille.*)
MARTHE.
Vous serez obéie.

SCENE V.
EUPHEMON PERE, LISE.
LISE.

Un siége... hélas !.. Monsieur, assoyez-
　　vous,
Et permettez que je parle à genoux.

EUPHEMON *l'empêchant de se mettre
à genoux.*

Vous m'outragez.
LISE.
Non, mon cœur vous revere,
Je vous regarde à jamais comme un pere.
EUPHEMON PERE.
Qui, vous ! ma fille !

LISE.

              Oui, j'ose me flatter.
Que c'est un nom que j'ai su mériter.

EUPHEMON PERE.

Après l'éclat & la triste avanture,
Qui de nos nœuds a causé la rupture !

LISE.

Soyez mon Juge, & lisez dans mon cœur,
Mon Juge enfin sera mon protecteur :
Ecoutez-moi, vous allez reconnaître
Mes sentimens & les vôtres peut-être.

          Elle prend un siége à côté de lui.

Si votre cœur eût été lié
Par la plus tendre & plus pure amitié
A quelque objet, de qui l'aimable enfance
Donna d'abord la plus belle espérance,
Et qui brilla dans son heureux Printems,
Croissant en grace, en mérite, en talens ;
Si quelque tems sa jeunesse abusée,
Des vains plaisirs suivant la pente aisée,
Au feu de l'âge avoit sacrifié
Tous ses devoirs & même l'amitié.

EUPHEMON PERE.

Eh bien ?

LISE.

        Monsieur, si son expérience
Eût reconnu la triste jouissance
De ces faux biens, objets de ses transports,
Nés de l'erreur & suivis des remords,
Honteux enfin de sa folle conduite ;

Si sa raison par le malheur instruite,
De ses vertus rallumant le flambeau,
Le ramenoit avec un cœur nouveau;
Ou que plûtôt, honnête homme & fidéle,
Il eût repris sa forme naturelle,
Pourriez-vous bien lui fermer aujourd'hui
L'accès d'un cœur qui fut ouvert pour lui?

EUPHEMON PERE.

De ce portrait que voulez-vous conclure?
Et quel rapport a-t'il à mon injure?
Le malheureux qu'à vos pieds on a vu,
Est un jeune homme en ces lieux inconnu,
Et cette Veuve, ici dit elle-même,
Qu'elle l'a vu six mois dans Angoulême;
Un autre dit que c'est un effronté,
D'amours obscurs follement entêté;
Et j'avouerai que ce portrait redouble
L'étonnement & l'horreur qui me trouble.

LISE.

Hélas! Monsieur, quand vous aurez apris
Tout ce qu'il est, vous ferez plus surpris;
De grace un mot, votre ame est noble & belle,
La cruauté n'est pas faite pour elle;
N'est-il pas vrai qu'Euphémon votre fils
Fut long-tems cher à vos yeux attendris?

EUPHEMON PERE.

Oui, je l'avoue, & ses lâches offenses
Ont d'autant mieux mérité mes vengeances:
J'ai plaint sa mort, j'avois plaint ses malheurs;

Mais la Nature, au milieu de mes pleurs,
Auroit laiſſé ma raiſon ſaine & pure
De ſes excès punir ſur lui l'injure.

LISE.

Vous ! vous pourriez à jamais le punir ?
Sentir toujours le malheur de haïr,
Et repouſſer encore avec outrage
Ce Fils changé devenu votre image,
Qui de ſes pleurs arroſeroit vos pieds.
Le pourriez-vous ?

EUPHEMON PERE.

Hélas ! vous oubliez,
Qu'il ne faut point par de nouveaux ſuplices,
De ma bleſſure ouvrir les cicatrices ;
Mon fils eſt mort, ou mon fils loin d'ici
Eſt dans le crime à jamais endurci ;
De la vertu s'il eût repris la trace,
Viendroit-il pas me demander ſa grace ?

LISE.

La demander ! ſans doute il viendra ;
Vous l'entendrez ; il vous attendrira.

EUPHEMON PERE.

Que dites-vous ?

LISE.

Oui, ſi la mort trop prompte
N'a pas fini ſa douleur & ſa honte,
Peut-être ici vous le verrez mourir
A vos genoux d'excès de repentir.

EUPHEMON

COMEDIE.

EUPHEMON PERE.
Vous sentez trop quel est mon trouble extrême ;
Mon fils vivroit !

LISE.
S'il respire, il vous aime.

EUPHEMON PERE.
Ah ! s'il m'aimoit ; mais quelle vaine erreur ?
Comment ? de qui l'aprendre ?

LISE.
De son cœur.

EUPHEMON PERE.
Mais, sauriez-vous....

LISE.
Sur tout ce qui le touche
La vérité vous parle par ma bouche.

EUPHEMON PERE.
Non, non, c'est trop me tenir en suspens ;
Ayez pitié du déclin de mes ans :
J'espére encor, & je suis plein d'allarmes ;
J'aimai mon fils, jugez-en par mes larmes.
Ah ! s'il vivoit, s'il étoit vertueux !
Expliquez-vous, parlez-moi.

LISE.
Je le veux ;
Eh bien ! sachez....

Tom. IV.   E

SCENE VI.

ACTEURS PRÉCÉDENS, FIERENFAT, RONDON, EUPHEMON FILS *l'épée à la main*, Mde. CROUPILLAC, EXEMTS.

FIERENFAT.

Vite qu'on l'environne,
Point de quartier, saisissez sa personne.

RONDON, *aux Exemts.*

Montrez un cœur au-dessus du commun,
Soyez hardis, vous êtes six contre un.

LISE.

Ah malheureux ! arrêtez.

MARTHE.
Comment faire ?

EUPHEMON FILS.

Lâches, fuyez... où suis-je ? c'est mon père.
Il jette son épée.

EUPHEMON PERE.

Que vois-je ? hélas !

EUPHEMON FILS *aux pieds de son pere.*
Un trop malheureux fils
Qu'on poursuivoit & qui vous est soumis.

LISE.
Oui, le voilà cet inconnu que j'aime.

COMEDIE.
RONDON.

Ma foi, c'est lui.

FIERENFAT.

Mon frere?

Mde. CROUPILLAC.

O Ciel!

MARTHE.

Lui-même.

EUPHEMON FILS.

Connoissez-moi, décidez de mon sort,
J'attends d'un mot, ou la vie, ou la mort.

EUPHEMON PERE.

Ah! qui t'amene en cette conjoncture?

EUPHEMON FILS.

Le repentir, l'amour & la nature.

LISE *se mettant aussi à genoux*.

A vos genoux vous voyez vos enfans;
Oui, nous avons les mêmes sentimens,
Le même cœur....

EUPHEMON FILS *en montrant Lise*.

Hélas! son indulgence,
De mes fureurs a pardonné l'offense;
Suivez, suivez pour cet infortuné,
L'exemple heureux que l'amour a donné;
Je n'espérois dans ma douleur mortelle
Que d'expirer aimé de vous & d'elle;
Et si je vis, ah! c'est pour mériter

Ces sentimens dont j'ose me flatter;
D'un malheureux vous détournez la vûe,
De quels transports votre ame est-elle émue?
Est-ce la haine? Et ce fils condamné...

EUPHEMON *se levant & l'embrassant.*

C'est la tendresse, & tout est pardonné;
Si la vertu régne enfin dans ton ame,
Je suis ton pere.

LISE.

Et j'ose être sa femme. (*à Rondon.*)
Unis tous trois, permettez qu'à vos pieds,
Nos premiers nœuds soient enfin renoués.

A Euphémon.

Non, ce n'est pas votre bien qu'il demande,
D'un cœur plus pur il vous porte l'offrande;
Il ne veut rien, & s'il est vertueux,
Tout ce que j'ai suffira pour nous deux.

RONDON.

Quel changement! quoi, c'est donc-là mon drôle?

FIERENFAT.

Oh, oh! je joue un fort singulier rôle;
Tu-dieu, quel frere!

EUPHEMON PERE.

Oui, je l'avois perdu;
Le repentir, le Ciel me l'a rendu.

Mde. CROUPILLAC.

C'est Euphémon? tant mieux.

COMEDIE.

FIERENFAT.
La vilaine Ame !
Il ne revient que pour m'ôter ma femme !

EUPHEMON FILS *à Fierenfat.*

Il faut enfin que vous me connoissiez,
C'est vous, Monsieur, qui me la raviffiez;
Dans d'autre tems j'avois eu sa tendresse;
L'emportement d'une folle jeunesse
M'ôta ce bien, dont on doit être épris,
Et dont j'avois trop mal connu le prix ;
J'ai retrouvé dans ce jour salutaire
Ma probité, ma Maîtresse, mon Pere,
M'envieriez-vous l'inopiné retour
Des droits du sang & des droits de l'amour ?
Gardez mes Biens, je vous les abandonne,
Vous les aimez... moi j'aime sa personne;
Chacun de nous aura son vrai bonheur,
Vous dans mes Biens, moi, Monsieur, dans
  son cœur.

EUPHEMON PERE.

Non, sa bonté si desintéressée,
Ne sera pas si mal récompensée ;
Non, Euphémon, ton pere ne veut pas
T'offrir sans bien, sans dot à ses apas.

RONDON.

Oh ! bon cela.

Mde. CROUPILLAC.
Je suis émerveillée,
Toute ébaudie & toute consolée ;
Ce Gentilhomme est venu tout exprès,

En vérité pour venger mes attraits.

A Euphémon fils.

Vîte époufez, le Ciel vous favorife,
Car tout exprès pour vous il a fait Life ;
Et je pourrois par ce bel accident,
Si l'on vouloit, ravoir mon Préfident.

LISE à Rondon.

De tout mon cœur ; & vous, fouffrez, mon pere,
Souffrez qu'une ame & fidèle & fincére,
Qui ne pouvoit fe donner qu'une fois,
Soit ramenée à fes premieres loix.

RONDON.

Si fa cervelle eft enfin moins volage...

LISE.

Oh ! j'en réponds.

RONDON.

S'il t'aime, s'il eft fage...

LISE.

N'en doutez pas.

RONDON.

Si fur-tout Euphémon
D'un ample dot lui fait un large don,
J'en fuis d'accord.

FIERENFAT.

Je gagne en cette affaire
Beaucoup, fans doute, en trouvant un mien frere ;

Mais cependant je perds en moins de rien
Mes frais de nôce, une femme & du bien.

Mde. CROUPILLAC.

Eh, fi vilain ! quel cœur sordide & chiche !
Faut-il toujours courtiser la plus riche ?
N'ai je donc pas en Contrats, en Châteaux,
Assez pour vivre, & plus que tu ne vaux ?
Ne suis-je pas en date la premiere ?
N'a-tu pas fait, dans l'ardeur de me plaire,
De longs Sermens, tous couchés par écrit,
Des Madrigaux, des Chansons sans esprit ?
Entre les mains j'ai toutes tes promesses,
Nous plaiderons, je montrerai les piéces;
Le Parlement doit en semblable cas
Rendre un Arrêt contre tous les ingrats.

RONDON.

Ma foi, l'ami, crains sa juste colére,
Epouse-la, crois-moi, pour t'en défaire.

EUPHEMON PERE *à Mde. Croupillac.*

Je suis confus du vif empressement,
Dont vous flattez mon fils le Président,
Votre procès lui devroit plaire encore,
C'est un dépit dont la cause l'honore ;
Mais permettez que mes soins réunis,
Soient pour l'objet qui m'a rendu mon fils ;
Vous, mes enfans, dans ces momens prosperes,
Soyez unis, embrassez-vous en freres ;
Vous, mon ami, rendons graces aux Cieux,

Dont les bontés ont tout fait pour le mieux ;
Non, il ne faut, & mon cœur le confesse,
Desespérer jamais de la jeunesse.

Fin du cinquiéme & dernier Acte.

AUX MANES DE GENONVILLE,

Conseiller au Parlement & intime ami de l'Auteur, mort en 1722.

Toi que le Ciel jaloux ravit dans ton printems,
Toi de qui je conserve le souvenir fidèle,
   Vainqueur de la Mort & du Tems,
   Toi dont la perte après dix ans
   M'est encore affreuse & nouvelle :
Si tout n'est pas détruit, si sur les sombres bords
Ce soufle si caché, cette foible étincelle,
Cet Esprit le moteur & l'esclave du Corps,
Ce je ne sai quel Sens, qu'on nomme Ame immortelle,
Reste inconnu de nous, est vivant chez les Morts ;
S'il est vrai que tu sois, & si tu peux m'entendre,

AUX MANES DE GENONVILLE.

O mon cher Genonville, avec plaisir reçoi
Ces vers & ces soupirs que je donne à ta cendre ;
Monumens d'un amour immortel comme toi.
Il te souvient du tems, où l'aimable Egérie,
Dans les beaux jours de notre vie,
Ecoutoit nos chansons, partageoit nos ardeurs.
Nous nous aimions tous trois, la raison, la folie,
L'amour, l'enchantement des plus tendres erreurs,
   Tout réunissoit nos trois cœurs.
Que nous étions heureux ! même cette indigence,
   Triste compagne des beaux jours,
Ne put de notre joye empoisonner le cours.
Jeunes, gais, satisfaits, sans soin, sans prévoyance,
Aux douceurs du présent bornant tous nos desirs,
Quel besoin avions-nous d'une vaine abondance,
Nous possédions bien mieux, nous avions les plaisirs ;
Ces plaisirs, ces beaux jours coulés dans la molesse,
   Ces ris enfans de l'alegresse
Sont passez avec toi dans la nuit du trépas.
Le Ciel en récompense accorde à ta Maîtresse

Des grandeurs & de la richesse,
Apuis de l'âge mûr, éclatant embaras,
Foible soulagement quand on perd sa jeunesse ;
La Fortune est chez elle, où fut jadis l'Amour.
Ce dernier à mon cœur auroit plu d'avantage,
Les plaisirs ont leur tems, la sagesse a son tour,
L'Amour s'est envolé sur l'aîle du bel âge ;
Mais jamais l'amitié ne fuit du cœur du Sage.
Nous chantons quelquefois & tes vers & les miens,
De ton aimable Esprit nous célébrons les charmes,
Ton nom se mêle encore à tous nos entretiens;
Nous lisons tes Ecrits, nous les baignons de larmes.
Loin de nous à jamais ces mortels endurcis,
Indignes du beau nom, du sacré nom d'amis.
Ou toujours remplis d'eux, ou toujours hors d'eux-mêmes,
Au monde, à l'inconstance, ardens à se livrer,
Malheureux, dont le cœur ne sait pas comme on aime,
Et qui n'ont point connu la douceur de pleurer.

SUR LA MORT.
DE MADEMOISELLE
LE COUVREUR.

Que vois-je ? quel objet ! quoi ! ces lèvres charmantes,
Quoi ! ces yeux d'où partoient ces flammes éloquentes,
Eprouvent du trépas les livides horreurs ?
Muses, Graces, Amours, dont elle fut l'image,
O mes Dieux & les siens, secourez votre ouvrage.
Que vois-je ? C'en est fait, je t'embrasse, & tu meurs,
Tu meurs, on sait déja cette triste nouvelle:
Tous les cœurs sont émus d'une douleur cruelle,
J'entens de tous côtés les beaux Arts éperdus
S'écrier en pleurant, Melpomène n'est plus.
    Que direz-vous, race future,
Lorsque vous apprendrez la florissante injure
Qu'à ces Arts desolés font des hommes cruels?
    Un objet digne des Autels
    Est privé de sa sépulture,
Et dans un Champ profane on jette à l'aventure !

Non, ces bords deſormais ne ſeront plus profanes,
Ils contiennent ta cendre; & ce triſte tombeau,
Honoré par nos chants, conſacré par tes Manes,
Eſt pour nous un Temple nouveau.
Voilà mon S. Denis; oui, c'eſt-là que j'adore
Ton eſprit, tes talens, tes graces, tes appas;
Je les aimai vivans, je les encenſe encore,
Malgré les horreurs du trépas,
Malgré l'erreur & les ingrats,
Que ſeuls de ce tombeau l'opprobre deshonore.
Ah! verrai-je toujours ma foible Nation,
Incertaine à ſes vœux, flétrir ce qu'elle admire ?
Nos mœurs avec nos Loix toujours ſe contredire,
Et le foible Français s'endormir ſous l'empire
De la Superſtition (*)?
Quoi! n'eſt-ce donc qu'en Angleterre
Que les Mortels oſent penſer ?
Exemple de l'Europe, ô Londres! heureuſe Terre,
Ainſi que vos Tyrans vous avez ſû chaſſer
Les préjugés honteux qui nous livrent la guerre.

(*) A Rome même on n'excommunie point les Acteurs.

LE COUVREUR.

C'est-là qu'on fait tout dire, & tout récompenser;
Nul Art n'est méprisé, tout succés a sa gloire,
Le Vainqueur de Tallard, le Fils de la Victoire
Le sublime Dryden, & le sage Adisson,
Et la charmante Ophits, & l'immortel Newton,
Ont part également au Temple de Mémoire,
Et le Couvreur à Londres, auroit eu des tombeaux
Parmi les Beaux-Esprits, les Rois & les Héros.
Quiconque a des Talens, à Londres est un grand homme,
Le génie étonnant de la Gréce & de Rome,
Enfant de l'abondance & de la liberté,
Semble après deux mil ans chez eux ressuscité.
O toi, jeune Salle', fille de Terpsicore,
Qu'on insulte à Paris, mais que tout Londres honore,
Dans tes nouveaux succés reçois avec mes vœux
Les applaudissemens d'un Peuple respectable,
De ce Peuple puissant, fier, libre, généreux,
Aux malheureux propice, aux Beaux-Arts favorable.
Du Laurier d'Apollon, dans nos stériles Champs,
La feuille négligée est desormais flétrie.
Dieux! pourquoi mon Païs n'est-il plus la Patrie
Et de la Gloire & des Talens?

LE CADENAT.

JE triomphois, l'Amour étoit le maître,
Et je touchois à ces momens trop courts,
De mon bonheur & du vôtre peut-être;
Mais un tyran peut troubler nos beaux jours.
C'est votre époux, géolier séxagenaire,
Il a fermé le libre Sanctuaire
De vos appas, & bravant nos desirs,
Il tient la clef du séjour des plaisirs.
Pour éclaircir ce douloureux mystère,
D'un peu plus haut reprenons notre affaire.
 Vous connoissez la Déesse Cérès :
Or en son tems Cérès eut une fille,
Semblable à vous, à vos scrupules près,
Belle & sensible, honneur de sa Famille,
Brune sur-tout, partant pleine d'attraits;
Ainsi que vous par le Dieu d'Hymenée,
Enfant aveugle, elle fut mal-menée.
Le Roi des Morts fut son indigne Epoux,
Il étoit Dieu, mais il étoit jaloux;
Il fut Cocu, c'étoit bien la justice.
Pirithoüs, son fortuné Rival,
Beau, jeune, adroit, complaisant, libéral,
Au Dieu Pluton donna le bénéfice
De Cocuage; or ne demandez pas,
Comment un homme avant sa derniere heure,

LE CADENAT.

Put pénétrer dans la sombre demeure ?
Cet homme aimoit, l'Amour guida ses pas.
 Mais aux Enfers comme aux lieux où vous êtes,
Voyez qu'il est peu d'intrigues secrettes.
De sa Chaudiere un coquin d'Espion
Vit ce grand cas, & dit tout à Pluton,
Il ajouta que même à la sourdine,
Plus d'un damné festoyoit Proserpine ;
Et qu'elle avoit au séjour d'Uriel,
Trouvé moyen d'être encor dans le Ciel.
 Pluton frémit, fit des cris effroyables,
Jura le Styx, donna sa femme aux Diables.
Il assembla dans son noir Tribunal,
De ses Pédants le Sénat infernal.
Il convoqua les détestables ames,
De tous ces Saints dévolus aux Enfers,
Qui, dès long-tems en Cocuage expers,
Pendant leur vie ont tourmenté leurs femmes.
 L'un d'eux lui dit : ,, Mon Confrere & Seigneur,
,, Pour détourner la maligne influence,
,, Dont votre Altesse a fait l'expérience,
,, Tuër sa Dame, est toujours le meilleur.
,, Mais las ! Seigneur, la vôtre est immortelle,
,, Je voudrois donc pour votre sûreté,
,, Qu'un Cadenat de structure nouvelle,
,, Fût le garant de sa fidélité.
,, A la vertu par la force asservie,

„ Lors vos plaisirs borneront son envie,
„ Plus ne sera d'Amant favorisé;
„ Et plût aux Dieux, que quand j'étois en vie,
„ D'un tel secret je me fusse avisé! "
A ce discours les Damnez applaudirent
Et sur l'airain les Cocus l'écrivirent.
En un moment fers, enclumes, fourneaux,
Sont préparés aux gouffres infernaux.
Tisiphone de ces lieux Serruriére,
Au Cadenat met la main la premiére :
Elle l'acheve; & des mains de Pluton,
Proserpine reçut ce triste don.
On m'a conté, qu'essayant son ouvrage,
Le cruel Dieu fut ému de pitié,
Qu'avec tendresse il dit à sa moitié,
Que je vous plains! vous allez être sage.

 Or ce secret aux Enfers inventé,
Chez les Humains tôt après fut porté.
Et depuis ce, dans Venise & dans Rome,
Il n'est Pédant, Bourgeois, ni Gentilhomme,
Qui pour garder l'honneur de sa Maison,
De Cadenats n'ait sa provision.
Là tout jaloux, sans craindre qu'on le blâme,
Tient sous la clef la vertu de sa femme;
Or votre Epoux dans Rome a fréquenté,
Chez les méchans on se gâte sans peine,
Et ce galant vit fort à la Romaine;
Mais son trésor n'est point en sûreté.

LE CADENAT.

A ses projets l'Amour sera funeste :
Ce Dieu charmant sera votre vengeur ;
Car vous m'aimez, & quand on a le cœur
De femme honnête, on a bien-tôt le reste.

LES POETES EPIQUES.

STANCES.

Plein de beautés & de défauts
Le vieil Homére a mon estime,
Il est, comme tous ses Héros,
Babillard outré, mais sublime.

Virgile orne mieux la Raison,
A plus d'art, autant d'harmonie,
Mais il s'épuise avec Didon,
Et rate à la fin Lavinie.

De faux brillans, trop de Magie,
Mettent le Tasse un cran plus bas ;
Mais que ne tolére-t'on pas,
Pour Armide & pour Herminie ?

Milton, plus sublime qu'eux tous,
A des beautés moins agréables ;
Il n'a chanté que pour les fous,
Pour les Anges & pour les Diables.

Après Milton, après le Tasse,
Parler de moi seroit trop fort,
Et j'attendrai que je sois mort,
Pour apprendre quelle est ma place.

Vous en qui tant d'esprit abonde,
Tant de grace & tant de douceur,
Si ma place est dans votre cœur,
Elle est la premiere du Monde.

A MADAME DE ✳✳✳

LES DEUX AMOURS.

Certain enfant qu'avec crainte on caresse,
Et qu'on connoît à son malin souris,
Court en tous lieux précédé par les Ris;
Mais trop souvent suivi de la Tristesse.
Dans les cœurs des humains il entre avec souplesse,
Habite avec fierté, s'envole avec mépris.
Il est un autre Amour, fils craintif de l'estime,
Soumis dans ses chagrins, constant dans ses desirs,
Que la Vertu soutient, que la Candeur anime,
Qui résiste aux rigueurs & croît par les plaisirs.
De cet Amour le flambeau peut paraître

Moins éclatant ; mais ses feux sont plus doux.
Voilà le Dieu que mon cœur veut pour Maître,
Et je ne veux le servir que pour vous.

A LA MEME.

Tout est égal, & la Nature sage
Veut au niveau ranger tous les Humains :
Esprit, Raison, beaux yeux, charmant visage,
Fleur de santé, doux loisir, jours serains ;
Vous avez tout, c'est-là votre partage.
Moi, je parois un Etre infortuné,
De la Nature enfant abandonné,
Et n'avoir rien semble mon apanage ;
Mais vous m'aimez, les Dieux m'ont tout donné.

A LA MÊME.
En lui envoyant les Oeuvres Mistiques de Fénélon.

Quand de la Guion le charmant Directeur
Diſoit au monde, aimez Dieu pour lui-même,
Oubliez-vous dans votre heureuſe ardeur,
On ne crut point à cet Amour exrême :
On le traita de chimére & d'erreur,
On ſe trompoit ; je connois bien mon cœur,
Et c'eſt ainſi, belle Eglé, qu'il vous aime.

A LA MÊME.

De votre eſprit la force eſt ſi puiſſante,
Que vous pourriez vous paſſer de beauté ;
De vos attraits la grace eſt ſi piquante,
Que ſans eſprit vous m'auriez enchanté.
Si votre cœur ne ſait pas comme on aime,
Ces dons charmans, ſont des dons ſuperflus,
Un ſentiment eſt cent fois au-deſſus
Et de l'eſprit, & de la beauté même.

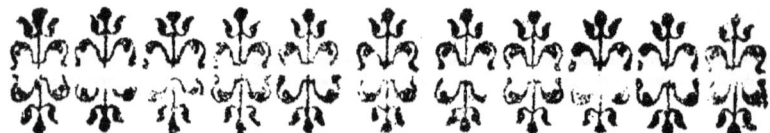

MELANGES
DE
LITTERATURE
ET DE
PHILOSOPHIE.

CHAPITRE PREMIER.
DE LA GLOIRE, OU ENTRETIEN
avec un Chinois.

EN 1723. il y avoit en Hollande un Chinois : ce Chinois étoit Lettré & Négociant, deux choses qui ne devroient point du tout être incompatibles, & qui le sont devenues chez nous, graces au respect extrême qu'on a pour l'argent & au peu de considération que l'Espèce humaine montre, a montré, & montrera toujours pour le mérite.

Ce Chinois, qui parloit un peu Hollandois, se trouva dans une boutique de Libraire avec quelques Savans : il demanda un Livre ; on lui proposa l'Histoire universelle de Bossuet, mal traduite. A ce beau mot d'Histoire Universelle : Je suis, dit-il, trop heureux ; je vais voir ce que l'on dit de notre grand Empire, de notre Nation qui subsiste en Corps de peuple depuis plus de 50. mille ans, de cette suite d'Empereurs qui nous ont gouvernés tant de siécles ; je vais voir ce qu'on pense de la Religion des *Lettrez*, de ce Culte simple que nous rendons à l'Etre Suprême. Quel plaisir de voir comme on parle en Europe de nos Arts, dont plusieurs sont plus anciens chez nous que tous les Royaumes Européans ! je crois que l'Auteur se sera bien mépris dans l'Histoire de la Guerre que nous eumes, il y a vingt-deux mille cinq cens cinquante-deux ans, contre les Peuples belliqueux du Tunquin & du Japon, & sur cette Ambassade solemnelle par laquelle le puissant Empereur du Mogol nous envoya demander des Loix l'an du Monde 50000000000079123450000. Hélas ! lui dit un des Savans, on ne parle pas seulement de vous dans ce Livre : vous êtes trop peu de chose ; presque tout roule sur la premiere Nation du monde, l'unique Nation, le Peuple élu, le grand Peuple Juif,

Juif ? dit le Chinois, ces Peuples-là sont donc les Maîtres des trois quarts de la Terre au moins ? Ils se flattent bien qu'ils le seront un jour, lui répondit-on ; mais en attendant ce sont eux qui ont l'honneur d'être ici Marchands Fripiers, & de rogner quelquefois les Espéces. Vous vous mocquez, dit le Chinois, ces gens-là ont-ils jamais eu un vaste Empire ? Ils ont possédé, lui dis-je, en propre, pendant quelques années, un petit Pays ; mais ce n'est point par l'étendue des Etats qu'il faut juger d'un Peuple, de même que ce n'est point par les richesses qu'il faut juger d'un homme. Mais ne parle-t'on pas de quelque autre Peuple dans ce Livre, demanda le Lettré ? Sans doute, dit le Savant, qui étoit auprès de moi, & qui prenoit toujours la parole, on y parle beaucoup d'un petit Pays de quatre-vingt lieues de large, nommé l'Egypte, où l'on prétend qu'il y avoit un Lac de 150 lieues de tour. Tu Dieu ! dit le Chinois, un Lac de 150 lieues dans un terrain qui en avoit quatre-vingt de large ; cela est bien beau ! Tout le monde étoit sage dans ce Pays-là, ajouta le Docteur. Oh ! le bon tems que c'étoit, dit le Chinois ; mais est-ce là tout ? Non, répliqua l'Européan, il est tant question encore de ces célèbres Grecs ? Qui sont ces Grecs, dit le Lettré ? Ah ! continua l'autre, il s'agit de cette Province, à peu près grande comme la deux centiéme partie de la Chine ; mais qui a fait tant de bruit dans tout l'Univers. Jamais je n'ai oüi parler de ces gens là, ni au Mogol, ni au Japon, ni dans la Grande Tartarie, dit le Chinois d'un air ingénu.

Ah ignorant ! ah barbare, s'écria poliment notre Savant, vous ne connoissez donc point Epaminondas le Thébain, ni le Port de Pirée, ni le nom des deux chevaux d'Achille, ni comment se nommoit l'Ane de Silène ? vous n'avez entendu parler ni de Jupiter, ni de Diogène, ni de Laïs, ni de Cibèle, ni de....

J'ai bien peur, repliqua le Lettré, que vous ne sachiez rien de l'avanture, éternellement mémorable, du célèbre Xixofou Concochigramki, ni des Mystéres du Grand Fi psi hi hi. Mais, de grace, quelles sont encore les choses inconnues dont traite cette Histoire Universelle ? Alors le Savant parla un quart-d'heure de suite de la République Romaine : &, quand il vint à Jules-César, le Chinois l'interrompit, & lui dit : Pour celui-là, je crois le connoître ; n'étoit-il pas Turc (*) ?

Comment, dit le Savant échauffé, est-ce

(*) Il n'y a pas long-tems que les Chinois prenoient tous les Européans pour des Mahométans.

que vous ne savez pas au moins la différence qui est entre les Payens, les Chrétiens, & les Musulmans ? Est-ce que vous ne connoissez point Constantin, & l'Histoire des Papes ? Nous avons entendu parler confusément, répondit l'Asiatique, d'un certain Mahomet.

Il n'est pas possible, repliqua l'autre, que vous ne connoissiez au moins Luther, Zuingle, Bellarmin, Ecolampade. Je ne retiendrai jamais ces noms-là, dit le Chinois. Il sortit alors, & alla vendre une partie considérable de Thé Peco & de fin Grogram, dont il acheta deux belles filles & un Mousse, qu'il ramena dans sa Patrie en adorant *le Tien* : & en se recommandant à Confucius.

Pour moi, témoin de cette conversation, je vis clairement ce que c'est que la *Gloire*, & je dis : Puisque César & Jupiter sont inconnus dans le Royaume le plus beau, le plus ancien, le plus vaste, le plus peuplé, le mieux policé de l'Univers, il vous sied bien, Gouverneurs de quelques petits Pays ; ô Prédicateurs d'une petite Paroisse, dans une petite Ville, ô Docteurs de Salamanque, ou de Bourges, ô petits Auteurs, ô pésants Commentateurs ; il vous sied bien de prétendre à la réputation !

DU SUICIDE,
ou
DE L'HOMICIDE
DE SOI-MÊME.

CHAPITRE II.
Ecrit en 1729.

Philippe Mordant, Cousin germain de ce fameux Comte de Peterboroug, si connu dans toutes les Cours de l'Europe, & qui se vante d'être l'homme de l'Univers qui a vu le plus de Postillons & le plus de Rois; Philippe Mordant, dis-je, étoit un jeune homme de vingt-sept ans, beau, bien fait, riche, né d'un sang illustre, pouvant prétendre à tout, & ce qui vaut encore mieux, passionnément aimé de sa Maîtresse. Il prit à ce Mordant un dégoût de la vie : il paya ses dettes, écrivit à ses amis pour leur dire adieu, & même fit des vers dont voici les derniers traduits en François :

L'Opium peut aider le Sage ;
Mais, selon mon opinion,
Il lui faut au lieu d'Opium
Un Pistolet & du courage.

Il se conduisit selon ses principes, & se dépêcha d'un coup de pistolet, sans en avoir donné d'autre raison, sinon que son ame étoit lasse de son corps, & que quand on est mécontent de sa maison, il faut en sortir. Il sembloit qu'il eût voulu mourir, parce qu'il étoit dégoûté de son bonheur. Richard Smith vient de donner un étrange spectacle au monde par une cause fort différente. Richard Smith étoit dégoûté d'être réellement malheureux : il avoit été riche, & il étoit pauvre ; il avoit eu de la santé, & il étoit infirme. Il avoit une femme à laquelle il ne pouvoit faire partager que sa misere ; un enfant au berceau étoit le seul bien qui lui restât. Richard Smith & Bridget Smith, d'un commun consentement, après s'être tendrement embrassés & avoir donné le dernier baiser à leur enfant, ont commencé par tuer cette pauvre créature, & ensuite se sont pendus aux colomnes de leur lit. Je ne connois nulle part aucune horreur de sang froid qui soit de cette force ; mais la Lettre que ces infortunés ont écrite à Mr Brindlay leur cousin, avant leur mort, est aussi singuliére que leur mort même.

,, Nous croyons, disent-ils, que Dieu nous
,, pardonnera, &c. Nous avons quitté la
,, vie, parce que nous étions malheureux
,, sans ressource, & nous avons rendu à no-
,, tre fils unique le service de le tuer, de
,, peur qu'il ne devînt aussi malheureux que
,, nous, &c.

Il est à remarquer que ces gens, après avoir tué leur fils par tendresse paternelle, ont écrit à un ami pour leur recommander leur Chat & leur Chien. Ils ont crû, apparemment, qu'il étoit plus aisé de faire le bonheur d'un Chat & d'un Chien dans le monde, que celui d'un Enfant; & ils ne vouloient pas être à charge à leur ami.

Toutes ces Histoires Tragiques, dont les Gazettes Anglaises fourmillent, ont fait penser à l'Europe qu'on se tue plus volontiers en Angleterre qu'ailleurs. Je ne sai pourtant si à Paris il n'y a pas autant de fous qu'à Londres; peut-être que si nos Gazettes tenoient un Registre exact de ceux qui ont eu la démence de vouloir se tuer, & le triste courage de le faire, nous pourrions sur ce point avoir le malheur de tenir tête aux Anglais. Mais nos Gazettes sont plus discrettes : les avantures des particuliers ne sont jamais exposées à la médisance publique dans ces Journaux avoués par le Gouvernement. Tout ce que j'ose dire avec assurance, c'est qu'il ne sera jamais à craindre que cette folie de se tuer, devienne une maladie épidémique : la Nature y a trop bien pourvu ; l'espérance, la crainte, sont les ressorts puissans dont elle se sert, pour arrêter presque toujours la main du malheureux prêt à se fraper.

On a beau nous dire qu'il y a eu des Pays où un Conseil étoit établi pour permettre aux Citoyens de se tuer, quand ils en avoient des raisons valables ; je réponds, ou que cela n'est pas vrai, ou que ces Magistrats avoient très-peu d'occupation.

Voici seulement ce qui pourroit nous étonner, & ce qui mérite, je crois, un sérieux examen. Les anciens Héros Romains se tuoient presque tous, quand ils avoient perdu une Bataille dans les Guerres Civiles, & je ne vois point que ni du tems de la Ligue, ni de celui de la Fronde, ni dans les Troubles d'Italie, ni dans ceux d'Angleterre aucun Chef ait pris le parti de mourir de sa propre main. Il est vrai que ces Chefs étoient Chrétiens, & qu'il y a bien de la différence entre les principes d'un Guerrier Chrétien, & ceux d'un Héros Payen ; cependant pourquoi ces hommes, que le Christianisme retenoit, quand ils vouloient se procurer la mort, n'ont-ils été retenus par rien, quand ils ont voulu empoisonner, assassiner, ou faire mourir leurs ennemis vaincus sur des échaffauts, &c. ? La Religion Chrétienne ne défend-elle pas ces homicides-là, encore plus que l'homicide de soi-même ?

Pourquoi donc, Caton, Brutus, Cassius, Antoine, Othon & tant d'autres, se sont-ils tués si résolument, & que nos Chefs de Parti se sont laissés pendre, ou bien ont laissé languir leur misérable vieillesse dans une prison ? Quelques Beaux-Esprits disent que ces Anciens n'avoient pas *le véritable courage :* que Caton fit une action de *Poltron* en se tuant, & qu'il y auroit eu bien plus de grandeur d'ame à ramper sous César ; cela est bon dans une Ode, ou dans une Figure de Rhétorique. Il est très-sûr que ce n'est pas être sans courage, que de se procurer tranquillement une mort sanglante : qu'il faut quelque force pour surmonter ainsi l'instinct le plus puissant de la Nature ; & qu'enfin une telle action prouve de la fureur, & non pas de la foiblesse. Quand un malade est en frénésie, il ne faut pas dire qu'il n'y a point de force, il faut dire que sa force est celle d'un frénétique.

La Religion payenne défendoit *l'homicide de soi-même*, ainsi que la Chrétienne : il y avoit même des places dans les Enfers pour ceux qui s'étoient tués :

Proxima deinde tenent mœsti loca, qui sib lethum

*Insontes peperere manu, lucemque perosi
Projecere animas; quem vellent æthere in alto,
Nunc & pauperiem & duros perferre labores!
Fata obstant, tristique Palus innabilis unda
Alligat, & novies Styx interfusa coercet.*

Virg. Æneid. Lib. VI. v. 434. & seqq.

Là sont ces Insensés qui, d'un bras téméraire,
Ont cherché dans la mort un secours volontaire,
Qui n'ont pû supporter, foibles & malheureux,
Le fardeau de la vie imposé par les Dieux.
Hélas! ils voudroient tous se rendre à la lumiére,
Recommencer cent fois leur pénible carriére:
Ils regrettent la vie, ils pleurent, & le sort,
Le sort, pour les punir, les retient dans la mort;
L'abîme du Cocyte & l'Acheron terrible,
Met entre eux & la vie un obstacle invincible.

Telle étoit la Religion des Payens, & malgré les peines qu'on alloit chercher dans l'autre monde, c'étoit un honneur de quitter celui-ci & de se tuer; tant les mœurs des hommes sont contradictoires. Parmi nous le Duel n'est-il pas encore malheureusement honorable, quoique défendu par la Raison, par la Religion & par toutes les Loix? Si Caton & César, Antoine & Auguste, ne se sont pas battus en duel, ce n'est pas qu'ils ne fussent auſſi braves que nos François. Si le Duc de Montmorenci, le Maréchal de Marillac, de Thou, S. Mars, & tant d'autres, ont mieux aimé être traînés au dernier ſuplice dans une Charette, comme des Voleurs de grand chemin, que de ſe tuer comme Caton & Brutus; ce n'eſt pas qu'ils n'euſſent autant de courage que ces Romains, & qu'ils n'euſſent autant de ce qu'on apelle honneur; la véritable raiſon, c'eſt que la mode n'étoit pas alors à Paris de ſe tuer en pareil cas, & cette mode étoit établie à Rome.

Les femmes de la Côte de Malabar ſe jettent toutes vives ſur le bucher de leurs maris; ont-elles plus de courage que Cornélie? Non, mais la coutume eſt dans ce Pays-là que les femmes ſe brûlent.

Coutume, opinion, Reines de notre ſort,
Vous réglez des Mortels & la vie & la mort.

DE LA RELIGION DES QUAKERS.

CHAPITRE III.

J'Ai cru que la Doctrine & l'Histoire d'un Peuple aussi extraordinaire que les Quakers, méritoient la curiosité d'un homme raisonnable. Pour m'en instruire, j'allai trouver un des plus célébres Quakers d'Angleterre, qui, après avoir été trente ans dans le Commerce, avoit sû mettre des bornes à sa fortune & à ses desirs, & s'étoit retiré dans une Campagne auprès de Londres. J'allai le chercher dans sa retraite; c'étoit une Maison petite, mais bien bâtie, & ornée de sa seule propreté. Le Quaker (*) étoit un vieillard frais, qui n'avoit jamais eu de maladie, parce qu'il n'avoit jamais connu les passions ni l'intempérance. Je n'ai point vû en ma vie d'air plus noble, ni plus engageant que le sien. Il étoit vêtu, comme tous ceux de sa Religion, d'un habit sans plis dans les côtés, & sans boutons sur les poches ni sur les manches, &

(*) *Il s'apelloit André Pit, & tout cela est exactement vrai, à quelques circonstances près. André Pit écrivit depuis à l'Auteur pour se plaindre de ce qu'on avoit ajouté un peu à la vérité, & l'assura que Dieu étoit offensé de ce qu'on avoit plaisanté ses Quakers.*

F 4

portoit un grand chapeau à bords rabattus comme nos Ecclésiastiques. Il me reçut avec son chapeau sur la tête, & s'avança vers moi sans faire la moindre inclination de corps ; mais il y avoit plus de politesse dans l'air ouvert & humain de son visage, qu'il n'y en a dans l'usage de tirer une jambe derrière l'autre, & de porter à la main ce qui est fait pour couvrir la tête. Ami, me dit-il, je vois que tu ès étranger, si je puis t'être de quelqu'utilité, tu n'as qu'à parler. Monsieur, lui dis-je, en me courbant le corps, & en glissant un pied vers lui, selon notre coûtume, je me flatte que ma juste curiosité ne vous déplaira pas, & que vous voudrez bien me faire l'honneur de m'instruire de votre Religion. Les gens de ton pays, me dit-il, font trop de complimens & de révérences ; mais je n'en ai encore vû aucun qui ait eu la même curiosité que toi. Entre, & dînons d'abord ensemble. Je fis encore quelques mauvais complimens, parce qu'on ne se défait pas de ses habitudes tout d'un coup, & après un repas sain & frugal, qui commença & qui finit par une prière à Dieu, je me mis à interroger mon homme.

Je débutai par la question que de bons Catholiques ont fait plus d'une fois aux Huguenots. Mon cher Monsieur, dis-je, êtes-vous baptisé ? Non, me répondit le Quaker, & mes Confreres ne le font point. Comment morbleu, repris-je, vous n'êtes donc pas Chrétiens ? Mon ami, repartit-il d'un ton doux, ne jure point ; nous sommes Chrétiens ; mais nous ne pensons pas que le Christianisme consiste à jetter de l'eau sur la tête d'un enfant avec un peu de sel. Eh bon Dieu ! repris-je, outré de cette impiété, vous avez donc oublié que Jesus-Christ fut baptisé par Jean ?

Ami, point de juremens, encore un coup, dit le benin Quaker. Le Christ reçut le baptême de Jean, mais il ne baptisa jamais personne; nous ne sommes pas les disciples de Jean, mais du Christ. Ah! comme vous seriez brûlés par la Ste Inquisition, m'écriai-je! Au nom de Dieu, cher homme, que je vous baptise! S'il ne falloit que cela pour condescendre à ta foiblesse, nous le ferions volontiers, repartit-il gravement; nous ne condamnons personne pour user de la cérémonie du baptême; mais nous croyons que ceux qui professent une Religion toute sainte & toute spirituelle, doivent s'abstenir, autant qu'ils le peuvent, des cérémonies Judaïques. En voici bien d'une autre, m'écriai-je, des cérémonies Judaïques! Oui, mon ami, continua-t'il, & si Judaïques, que plusieurs Juifs encore aujourd'hui usent quelquefois du baptême de Jean. Consulte l'Antiquité, elle t'aprendra que Jean ne fit que renouveller cette pratique, laquelle étoit en usage long-tems avant lui parmi les Hébreux, comme le Pélerinage de la Meque l'étoit parmi les Ismaëlites. Jesus voulut bien recevoir le baptême de Jean, de même qu'il s'étoit soumis à la circoncision; mais, & la circoncision & le lavement d'eau doivent être tous deux abolis par le baptême du Christ, ce baptême de l'esprit, cette ablution de l'ame qui sauve les hommes. Aussi le Précurseur Jean disoit: *Je vous baptise à la vérité avec de l'eau, mais un autre viendra après moi plus puissant que moi, & dont je ne suis pas digne de porter les sandales; celui-là vous baptisera avec le feu & le Saint-Esprit.* Aussi le grand Apôtre des Gentils, Paul, écrit aux Corinthiens, *le Christ ne m'a pas envoyé pour baptiser, mais pour prêcher l'Evangile*; aussi ce même Paul ne baptisa jamais avec de l'eau que deux personnes, encore fût-ce malgré lui. Il circoncit son disciple Timothée : les autres Apôtres circoncisoient aussi ceux qui vouloient l'être ; es-tu circoncis, ajoûta-t'il ? Je lui répondis que je n'avois pas cet honneur. Eh bien, dit-il, l'ami, tu ès Chrétien sans être circoncis, & moi sans être baptisé. Voilà comme mon saint homme abusoit assez spécieusement de trois ou quatre passages de la Sainte Ecriture, qui sembloient favoriser sa Secte ; mais il oublioit de la meilleure foi du monde une centaine de passages qui l'écrasoient. Je me gardai bien de lui rien contester, il n'y a rien à gagner avec un Enthousiaste. Il ne faut point s'aviser de dire à un homme les défauts de sa Maîtresse, ni à un Plaideur le foible de sa cause, ni des raisons à un Illuminé. Ainsi je passai à d'autres questions.

A l'égard de la Communion, lui dis-je, comment en usez-vous ? Nous n'en usons point, dit-il. Quoi ! point de Communion ? Non, point d'autre que celle des cœurs. Alors il me cita encore les Ecritures ; il me fit un fort beau Sermon contre la Communion, & me parla d'un ton d'inspiré pour me prouver que les Sacremens étoient tous d'invention humaine, & que le mot de Sacrement ne se trouvoit pas une seule fois dans l'Evangile. Pardonne, dit-il, à mon ignorance, je ne t'ai pas aporté la centiéme partie des preuves de ma Religion, mais tu les peux voir dans l'exposition de notre Foi par Robert Barclay. C'est un des meilleurs Livres qui soit jamais sorti de la main des hommes ; nos ennemis conviennent qu'il est très-dangereux, cela prouve combien il est raisonnable. Je lui promis de lire ce Livre, & mon Quaker me crut déja converti. Ensuite il me rendit raison, en peu de mots, de quelques singularités qui exposent cette Secte au mépris des autres. Avoüe, dit-il, que tu as eu bien de la peine à t'empêcher de rire, quand j'ai répondu à toutes tes civilités avec mon chapeau sur la tête, & en te tutoyant. Cependant tu me parois trop instruit, pour ignorer que du tems du Christ, aucune Nation ne tomboit dans le ridicule de substituer le plurier au singulier : on disoit à César Auguste, *Je t'aime, je te prie, je te remercie* ; il ne souffroit pas même, qu'on l'appellât Monsieur, *Dominus*. Ce ne fut que long-tems après lui, que les hommes s'avisérent de se faire apeller *vous* au lieu de *tu*, comme s'ils étoient doubles, & d'usurper les titres impertinens de Grandeur, d'Eminence, Sainteté, de Divinité même, que des Vers de terre donnent à d'autres Vers de terre, en les assurant qu'ils sont avec un profond respect, & une fausseté infâme, leurs très-humbles & très-obéissans serviteurs. C'est pour être plus sur nos gardes contre cet indigne commerce de mensonges & de flatteries, que nous tutoyons également les Rois & les Charbonniers, que nous ne saluons personne, n'ayant pour les hommes que de la charité, & du respect que pour les Loix.

Nous portons aussi un habit un peu différent des autres hommes, afin que ce soit pour nous un avertissement continuel de ne leur pas ressembler. Les autres portent les marques de leurs dignités, & nous celles de l'humilité Chrétienne. Nous fuyons les assemblées de plaisir, les spectacles, le jeu ; car nous serions bien à plaindre de remplir de ces bagatelles des cœurs en qui Dieu doit habiter. Nous ne faisons jamais de sermens, pas même en Justice ; nous pensons que le nom du Très-Haut ne doit point être prostitué dans les débats misérables des hommes. Lorsqu'il faut que nous comparoissions devant les Magistrats pour les affaires des autres (car nous n'avons jamais de procès) nous affirmons la vérité par un *oüi* ou par un *non*, & les Juges nous en croyent sur notre simple parole, tandis que tant d'autres Chrétiens se parjurent sur l'Evangile. Nous n'allons jamais à la guerre ; ce n'est pas que nous craignions la mort ; au contraire, nous bénissons le moment qui nous unit à l'Etre des Etres ; mais c'est que nous ne sommes ni Loups, ni Tigres, ni Dogues, mais hommes, mais Chrétiens. Notre Dieu, qui nous a ordonné d'aimer nos ennemis, & de souffrir sans murmure, ne veut pas, sans doute, que nous passions la Mer pour aller égorger nos freres, parce que des meurtriers vêtus de rouge, avec un bonnet haut de deux pieds, enrôlent des Citoyens, en faisant du bruit avec deux petits bâtons sur une peau d'Ane bien tendue. Et lorsqu'après des batailles gagnées, tout Londres brille d'illuminations, que le Ciel est enflammé de fusées, que l'air retentit du bruit des actions de graces, des Cloches, des Orgues, des Canons, nous gémissons en silence sur ces meurtres qui causent la publique allegresse.

DE LA RELIGION
DES QUAKERS.

CHAPITRE IV.

Elle fut à peu près la converſation que j'eus avec cet homme ſingulier. Mais je fus bien ſurpris quand le Dimanche ſuivant il me mena à l'Egliſe des Quakers. Ils ont pluſieurs Chapelles à Londres ; celle où j'allai eſt près de ce fameux Pilier, que l'on apelle le Monument. On étoit déja aſſemblé, lorſque j'entrai avec mon conducteur. Il y avoit environ quatre cens hommes dans l'Egliſe & trois cens femmes. Les femmes ſe cachoient le viſage, les hommes étoient couverts de leurs larges chapeaux ; tous étoient aſſis, tous dans un profond ſilence. Je paſſai au milieu d'eux, ſans qu'un ſeul levât les yeux ſur moi. Ce ſilence dura un quart d'heure : enfin un d'eux ſe leva, ôta ſon chapeau, & après quelques ſoupirs, débita moitié avec la bouche, moitié avec le nez, un galimatias tiré, à ce qu'il croyoit, de l'Evangile, où ni lui ni perſonne n'entendoit rien. Quand ce faiſeur de contorſions eut fini ſon beau monologue, & que l'Aſſemblée ſe fut ſéparée toute édifiée & toute ſtupide, je demandai à mon homme pourquoi les plus ſages d'entre eux ſouffroient de pareilles ſottiſes ? Nous ſommes obligés de les tolérer, me dit-il, parce que nous ne pouvons pas ſavoir ſi un homme qui ſe leve pour parler, ſera inſpiré par l'Eſprit ou par la folie.

Dans le doute nous écoutons tout patiemment, nous permettons même aux femmes de parler ; deux ou trois de nos Dévotes se trouvent souvent inspirées à la fois, & c'est alors qu'il se fait un beau bruit dans la Maison du Seigneur. Vous n'avez donc point de Prêtres, lui dis-je ? Non, mon ami, dit le Quaker, & nous nous en trouvons bien. Alors ouvrant un Livre de sa Secte, il lut avec emphase ces paroles : A Dieu ne plaise que nous osions ordonner à quelqu'un de recevoir le Saint Esprit le Dimanche, à l'exclusion de tous les autres fidéles. Graces au Ciel, nous sommes les seuls sur la Terre qui n'ayons point de Prêtres. Voudrois-tu nous ôter une distinction si heureuse ? Pourquoi abandonnerons-nous notre enfant à des nourrices mercenaires, quand nous avons du lait à lui donner ? Ces mercenaires domineroient bientôt dans la Maison, & oprimeroient la mere & l'enfant. Dieu a dit, vous avez reçû *gratis*, donnez *gratis*. Irons nous après cette parole marchander l'Evangile, vendre l'Esprit Saint, & faire d'une assemblée de Chrétiens une Boutique de Marchands ? Nous ne donnons point d'argent à des hommes vêtus de noir pour assister nos pauvres, pour enterrer nos morts, pour prêcher les fidéles; ces saints emplois nous sont trop chers pour nous en décharger sur d'autres. Mais comment pouvez-vous discerner, insistai-je, si c'est l'Esprit de Dieu qui vous anime dans vos discours ? Quiconque, dit-il, priera Dieu de l'éclairer, & qui annoncera des vérités évangéliques qu'il sentira, que celui-là soit sûr que Dieu l'inspire. Alors il m'accabla de citations de l'Ecriture, qui démontroient, selon lui, qu'il n'y a point de Christianisme sans une révélation immédiate, & il ajouta ces paroles remarquables :

Quand tu fais mouvoir un de tes membres, est-ce ta propre force qui le remue ? Non, sans doute, car ce membre a souvent des mouvemens involontaires ; c'est donc celui qui a créé ton corps qui meut ce corps de terre. Et les idées que reçoit ton Ame, est-ce toi qui les forme ? Encore moins, car elles viennent malgré toi ; c'est donc le Créateur de ton ame qui te donne tes idées ; mais comme il a laissé à ton cœur la liberté, il donne à ton esprit les idées que ton cœur mérite ; tu vis dans Dieu, tu agis, tu penses dans Dieu. Tu n'as donc qu'à ouvrir les yeux à cette lumiére qui éclaire tous les hommes, alors tu verras la vérité, & la feras voir. Eh ! voilà le Pere Malebranche tout pur, m'écriois-je. Je connois ton Malebranche, dit-il, il étoit un peu Quaker, mais il ne l'étoit pas assez. Ce sont-là les choses les plus importantes que j'ai aprises touchant la doctrine des Quakers ; dans la premiére Lettre vous aurez leur Histoire que vous trouverez encore plus singuliére que leur doctrine.

HISTOIRE DES QUAKERS.

CHAPITRE V.

Vous avez déja vû que les Quakers datent depuis Jesus-Christ, qui fut, selon eux, le premier Quaker. La Religion, disent-ils, fut corrompue presque après sa mort, & resta dans cette corruption environ 1600. années. Mais il y avoit toujours quelques Quakers cachés dans le monde, qui prenoient soin de conserver le feu sacré, éteint par-tout ailleurs, jusqu'à ce qu'enfin cette lumière s'étendit en Angleterre en l'an 1642.

Ce fut dans le tems que trois ou quatre Sectes déchiroient la Grande-Brétagne par des Guerres civiles entreprises au nom de Dieu, qu'un nommé George Fox, du Comté de Leicester, fils d'un Ouvrier en soye, s'avisa de prêcher en vrai Apôtre, à ce qu'il prétendoit, c'est-à-dire, sans savoir ni lire ni écrire. C'étoit un jeune homme de vingt-cinq ans, de mœurs irréprochables & saintement fou. Il étoit vêtu de cuir depuis les pieds jusqu'à la tête, il alloit de Village en Village criant contre la Guerre & contre le Clergé. S'il n'avoit prêché que contre les gens de guerre, il n'avoit rien à craindre, mais il attaquoit les gens d'Eglise. Il fut bien-tôt mis en prison; on le mena à Darby devant le Juge de Paix. Fox se présenta au Juge avec son bonnet de cuir sur la tête. Un Sergent lui donna un grand soufflet, en lui disant: Gueux, ne sais-tu pas qu'il faut paroître tête nue devant Mr le Juge? Fox tendit l'autre joue & pria le Sergent de vouloir bien lui donner un autre soufflet pour l'amour de Dieu. Le Juge de Darby voulut lui faire prêter serment avant de l'interroger. Mon ami, sache, dit-il au Juge, que je ne prens jamais le nom de Dieu en vain. Le Juge voyant que cet homme le tutoyoit, l'envoya aux Petites-Maisons de Darby pour y être fouetté. George Fox alla en louant Dieu à l'Hôpital des fous, où l'on ne manqua pas d'exécuter à la rigueur la Sentence du Juge. Ceux qui lui infligerent la pénitence du fouet furent bien surpris, quand il les pria de lui appliquer encore quelques coups de verges pour le bien de son ame. Ces Messieurs ne se firent pas prier : Fox eut sa double dose, dont il les remercia très-cordialement ; puis se mit à les prêcher. D'abord on rit, ensuite on l'écouta, & comme l'enthousiasme est une maladie qui se gagne, plusieurs furent persuadés, & ceux qui l'avoient fouetté devinrent ses premiers disciples. Délivré de sa prison, il courut les champs avec une douzaine de Prosélytes, prêchant toujours contre le Clergé, & fouetté de tems en tems. Un jour étant mis au Pilori, il harangua tout le peuple avec tant de force, qu'il convertit une cinquantaine d'Auditeurs, & mit le reste tellement dans ses intérêts, qu'on le tira en tumulte du trou où il étoit ; on alla chercher le Curé Anglican dont le crédit avoit fait condamner Fox à ce supplice, & on le piloria à sa place.

Il osa bien convertir quelques Soldats de Cromwell, qui quitterent le métier des armes, & refuserent de prêter le serment. Cromwell ne vouloit pas d'une Secte où l'on ne se battoit point, de même que Sixte-Quint auguroit mal d'une Secte, *dove non si chiavava:* il se servit de son pouvoir, pour persécuter ces nouveaux venus. On en remplissoit les prisons, mais les persécutions ne servent presque jamais qu'à faire des Prosélytes. Ils sortoient de leurs prisons affermis dans leur créance, & suivis de leurs Géoliers qu'ils avoient convertis. Mais voici ce qui contribua le plus à étendre sa Secte. Fox se croyoit inspiré, il crut par conséquent devoir parler d'une manière indifférente des autres hommes. Il se mit à trembler, à faire des contorsions & des grimaces, à retenir son haleine, à la pousser avec violence ; la Prêtresse de

Delphes n'eût pas mieux fait. En peu de tems il acquit une grande habitude d'inspiration, & bien-tôt après il ne fut plus guères en son pouvoir de parler autrement. Ce fut le premier don qu'il communiqua à ses Disciples. Ils firent de bonne foi toutes les grimaces de leur Maître, ils trembloient de toutes leurs forces au moment de l'inspiration. De là ils en eurent le nom de *Quakers*, qui signifie *Trembleurs*. Le petit peuple s'amusoit à les contrefaire, on trembloit, on parloit du nez, on avoit des convulsions, & on croyoit avoir le S. Esprit. Il leur falloit quelques miracles, ils en firent.

Le Patriarche Fox dit publiquement à un Juge de Paix, en présence d'une grande assemblée : Ami, prends garde à toi, Dieu te punira bien-tôt de persécuter les Saints. Ce Juge étoit un yvrogne qui s'enyvroit tous les jours de mauvaise Biére & d'Eau-de-vie, il mourut d'apopléxie deux jours après précisément comme il venoit de signer un ordre pour envoyer quelques Quakers en prison. Cette mort soudaine ne fut point attribuée à l'intempérence du Juge ; tout le monde la regarda comme un effet des prédictions du saint homme ; cette mort fit plus de Quakers, que mille Sermons & autant de convulsions n'en auroient pû faire. Cromwell voyant que leur nombre augmentoit tous les jours, voulut les attirer à son parti, il leur fit offrir de l'argent ; mais ils furent incorruptibles, & il dit un jour que cette Religion étoit la seule contre laquelle il n'avoit pû prévaloir avec des guinées.

Ils furent quelquefois persécutés sous Charles Second, non pour leur Religion, mais pour ne vouloir pas payer les dîmes au Clergé, pour tutoyer les Magistrats, & refuser de prêter les sermens prescrits par la Loi.

ET DE PHILOSOPHIE.

Enfin Robert Barclay, Ecoſſois, préſenta au Roi en 1675. ſon Apologie des Quakers, Ouvrage auſſi bon qu'il pouvoit l'être. L'Epitre Dédicatoire à Charles Second contient non des baſſes flateries, mais des vérités hardies, & des conſeils juſtes. ,, Tu as goûté, dit-il à ,, Charles à la fin de cette Epitre, de la dou- ,, ceur & de l'amertume, de la proſpérité & ,, des plus grands malheurs: tu as été chaſſé ,, des Pays où tu regnes, tu as ſenti le poids ,, de l'oppreſſion, & tu dois ſavoir combien ,, l'oppreſſeur eſt déteſtable devant Dieu & ,, devant les hommes: que ſi après tant d'é- ,, preuves & de bénédictions ton cœur s'en- ,, durciſſoit, & oublioit le Dieu qui s'eſt ſou- ,, venu de toi dans tes diſgraces, ton crime ,, en ſeroit plus grand, & ta condamnation ,, plus terrible; au lieu donc d'écouter les ,, flateurs de ta Cour, écoute la voix de ta ,, conſcience, qui ne te flatera jamais. Je ſuis ,, ton fidèle ami & ſujet, BARCLAY."

Ce qui eſt plus étonnant, c'eſt que cette Lettre écrite à un Roi par un Particulier obſcur eut ſon effet, & que la perſécution ceſſa.

HISTOIRE DES QUAKERS.

CHAPITRE VI.

ENviron ce tems parut l'illuſtre Guillaume Pen, qui établit la puiſſance des Quakers en Amérique, & qui les auroit rendus respectables en Europe, si les hommes pouvoient respecter la Vertu sous des apparences ridicules. Il étoit fils unique du Chevalier Pen, Vice-Amiral d'Angleterre, & Favori du Duc d'Yorck, depuis Jacques Second.

Guillaume Pen à l'âge de quinze ans rencontra un Quaker à Oxford, où il faisoit ses études : ce Quaker le persuada, & le jeune homme, qui étoit vif, naturellement éloquent, & qui avoit de l'ascendant dans sa Physionomie & dans ses maniéres, gagna bien-tôt quelques-uns de ses camarades : il établit insensiblement une Société de jeunes Quakers qui s'assembloient chez lui ; de sorte qu'il se trouva Chef de la Secte à l'âge de seize ans.

De retour chez le Vice-Amiral son pere, au sortir du Collége, au lieu de se mettre à genoux devant lui, & de lui demander sa bénédiction, selon l'usage des Anglois, il l'aborda le chapeau sur sa tête, & lui dit : Je suis fort aise, l'ami, de te voir en bonne santé. Le Vice-Amiral crut que son fils étoit devenu fou ; il aperçut bien-tôt qu'il étoit Quaker. Il mit en usage tous les moyens que la prudence humaine peut employer pour l'engager à vivre comme un autre ; le jeune homme ne répondit à son pere qu'en l'exhortant à se faire Quaker lui-même. Enfin le pere se relâcha à ne lui demander autre chose, sinon qu'il allât voir le Roi & le Duc d'Yorck le chapeau sous le bras, & qu'il ne les tutoyât point. Guillaume lui répondit que sa conscience ne le lui permettoit pas, & qu'il valoit mieux obéir à Dieu qu'aux hommes : le pere indigné & au désespoir, le chassa de sa maison. Le jeune Pen remercia Dieu de ce qu'il souffroit déjà pour sa cause ; il alla prêcher dans la Cité, il y fit beaucoup de Prosélytes.

Les Prêches des Ministres éclaircissoient

tous les jours, & comme il étoit jeune, beau & bien fait, les femmes de la Cour & de la Ville accouroient devotement pour l'entendre. Le Patriarche George Fox vint du fond de l'Angleterre le voir à Londres, sur sa réputation; tous deux résolurent de faire des Missions dans les Pays étrangers; ils s'embarquerent pour la Hollande, après avoir laissé des Ouvriers en assez bon nombre pour avoir soin de la Vigne de Londres.

Leurs travaux eurent un heureux succès à Amsterdam; mais ce qui leur fit plus d'honneur, & ce qui mit le plus leur humilité en danger, fut la réception que leur fit la Princesse Palatine Elizabeth, tante de George I. Roi d'Angleterre, femme illustre par son esprit & par son savoir, & à qui Descartes avoit dédié son Roman de Philosophie.

Elle étoit alors retirée à la Haye, où elle vit *les Amis*, car c'est ainsi qu'on appelloit alors les Quakers en Hollande. Elle eut plusieurs conférences avec eux, ils prêcherent souvent chez elle, & s'ils ne firent pas d'elle une parfaite Quakeresse, ils avouerent au moins qu'elle n'étoit pas loin du Royaume des Cieux. Les Amis semerent aussi en Allemagne, mais ils y recueillirent peu; on ne goûta pas la mode de tutoyer dans un Pays où il faut prononcer toujours les termes d'Altesse & d'Excellence. Pen repassa bien-tôt en Angleterre sur la nouvelle de la maladie de son pere, il vint recueillir ses derniers soupirs. Le Vice-Amiral se réconcilia avec lui & l'embrassa avec tendresse, quoiqu'il fût d'une différente Religion. Mais Guillaume l'exhorta en vain à ne point recevoir le Sacrement, & à mourir Quaker; & le vieux bon homme recommanda inutilement à Guillaume d'avoir des boutons sur ses manches & des ganses à son chapeau.

Guillaume hérita de grands biens, parmi lesquels il se trouvoit des dettes de la Couronne pour des avances faites par le Vice-Amiral dans les Expéditions maritimes. Rien n'étoit moins assûré alors que l'argent dû par le Roi. Pen fut obligé d'aller tutoyer Charles Second & ses Ministres, plus d'une fois, pour son payement. Le Gouvernement lui donna en 1680, au lieu d'argent, la proprieté & la Souveraineté d'une Province d'Amérique au Sud de Maryland. Voilà un Quaker devenu Souverain. Il partit pour ses nouveaux Etats avec deux Vaisseaux chargés de Quakers, qui le suivirent. On appella dès-lors le Pays *Pensilvania*, du nom de Pen; il y fonda la Ville de Philadelphie, qui est aujourd'hui très-florissante. Il commença par faire une Ligue avec les Amériquains ses voisins. C'est le seul Traité entre ces Peuples & les Chrétiens qui n'ait point été juré, & qui n'ait point été rompu. Le nouveau Souverain fut aussi le Legislateur de la Pensilvanie, il donna des Loix très-sages, dont aucune n'a été changée depuis lui. La première est de ne maltraiter personne au sujet de la Religion, & de regarder comme freres tous ceux qui croyent en Dieu.

A peine eut-il établi son Gouvernement, que plusieurs Marchands de l'Amérique vinrent peupler cette Colonie. Les Naturels du Pays au lieu de fuir dans les Forêts, s'accoutumerent insensiblement avec les pacifiques Quakers. Autant ils détestoient les autres Chrétiens conquérans & destructeurs de l'Amérique, autant ils aimoient ces nouveaux venus. En peu de tems ces prétendus Sauvages, charmés de la douceur de ces voisins, vinrent en foule demander à Guillaume Pen de les recevoir au nombre de ses Vassaux. C'étoit un spectacle bien nouveau qu'un Souverain que tout le monde tutoyoit, & à qui on parloit le chapeau sur la tête ; un Gouvernement sans Prêtres, un Peuple sans armes, des Citoyens tous égaux, à la Magistrature près, & des Voisins sans jalousie. Guillaume Pen pouvoit se vanter d'avoir apporté sur la Terre l'Age d'or, dont on parle tant, & qui n'a véritablement existé qu'en Pensilvanie.

Il revint en Angleterre pour les affaires de son nouveau Pays, après la mort de Charles Second. Le Roi Jaques, qui avoit aimé son pere, eut la même affection pour le fils, & ne le considéra plus comme un Sectaire obscur, mais comme un très-grand homme. La politique du Roi s'accordoit en cela avec son goût. Il avoit envie de flatter les Quakers en abolissant les Loix faites contre les Non-Conformistes, afin de pouvoir introduire la Religion Catholique à la faveur de cette liberté. Toutes les Sectes d'Angleterre virent le piège, & ne s'y laisserent pas prendre ; elles sont toujours réunies contre le Catholicisme, leur ennemi commun. Mais Pen ne crut pas devoir renoncer à ses principes pour favoriser des Protestans qui le haïssoient, contre un Roi qui l'aimoit. Il avoit établi la liberté de conscience en Amérique, il n'avoit pas envie de vouloir paroître la détruire en Europe ; il demeura donc fidéle à Jaques Second, au point qu'il fut généralement accusé d'être Jésuite. Cette calomnie l'affligea sensiblement, il fut obligé de s'en justifier par des Ecrits publics. Cependant le malheureux Jaques Second, qui, comme presque tous les Stuards, étoit un composé de grandeur & de foiblesse, & qui, comme eux, en fit trop & trop peu, perdit son Royaume sans qu'il y eût une épée de tirée, & sans qu'on pût dire comment la chose arriva.

Toutes les Sectes Anglaises reçurent de Guillaume Troisiéme & de son Parlement cette même liberté qu'elles n'avoient pas voulu tenir des mains de Jaques. Ce fut alors que les Quakers commencerent à jouir par la force des Loix de tous les priviléges dont ils sont en possession aujourd'hui. Pen, après avoir vû enfin sa Secte établie sans contradiction dans le Pays de sa naissance, retourna en Pensilvanie. Les siens & les Amériquains le reçurent avec des larmes de joye, comme un pere qui revenoit voir ses enfans. Toutes ses Loix avoient été religieusement observées pendant son absence ; ce qui n'étoit arrivé à aucun Législateur avant lui. Il resta quelques années à Philadelphie : il en partit enfin malgré lui pour aller solliciter à Londres des avantages nouveaux en faveur du Commerce des Pensilvains ; il ne les revit plus, il mourut à Londres en 1718.

Je ne puis deviner quel sera le sort de la Religion des Quakers en Amérique ; mais je vois qu'elle dépérit tous les jours à Londres. Par tout Pays la Religion dominante, quand elle ne persécute point, engloutit à la longue toutes les autres. Les Quakers ne peuvent être Membres du Parlement, ni posséder aucun Office, parce qu'il faudroit prêter serment, & qu'ils ne veulent point jurer ; ils sont réduits à la nécessité de gagner de l'argent par le commerce. Leurs enfans enrichis par l'industrie de leurs peres, veulent jouir, avoir des honneurs, des boutons, & des manchettes ; ils sont honteux d'être apellés Quakers, & se font Protestans pour être à la mode.

DE

DE LA RELIGION ANGLICANE.

CHAPITRE VII.

C'Est ici le Pays des Sectes : *multæ sunt mansiones in domo patris mei* ; un Anglais, comme homme libre, va au Ciel par le chemin qui lui plaît.

Cependant, quoique chacun puisse ici servir Dieu à sa mode, leur véritable Religion, celle où l'on fait fortune, est la Secte des Episcopaux, appellée l'Eglise Anglicane, ou l'Eglise par excellence. On ne peut avoir d'emploi ni en Angleterre, ni en Irlande, sans être du nombre des fidéles Anglicans. Cette raison, qui est une excellente preuve, a converti tant de Nonconformistes, qu'aujourd'hui il n'y a pas la vingtiéme partie de la Nation qui soit hors du giron de l'Eglise dominante.

Le Clergé Anglican a retenu beaucoup des Cérémonies Catholiques, & sur-tout celle de recevoir les Dixmes avec une attention très-scrupuleuse. Ils ont aussi la pieuse ambition d'être les Maîtres ; car quel Vicaire de Village ne voudroit pas être Pape ?

De plus, ils fomentent, autant qu'ils peuvent, dans leurs Ouailles un saint zéle contre les Nonconformistes. Ce zéle étoit assez vif sous le Gouvernement des Toris, dans les derniéres années de la Reine Anne : mais il ne s'étendoit pas plus loin qu'à casser quelquefois les vitres des Chapelles hérétiques ; car la la rage des Sectes a fini en Angleterre avec les Guerres civiles, & ce n'étoit plus sous la Reine Anne que les bruits sourds d'une Mer encore agitée long-tems après la tempête, quand les Whigs & les Toris déchirerent leur Pays, comme autrefois les Guelphes & les Gibelins, il falut bien que la Religion entrât dans les partis ; les Toris étoient pour l'Épiscopat, les Whigs vouloient l'abolir : mais ils se sont contentés de l'abbaisser quand ils ont été les Maîtres.

Du tems que le Comte Harley d'Oxfort & Mylord Bolingbroke faisoient boire la santé de Toris, l'Eglise Anglicane les regardoit comme les défenseurs de ses saints priviléges. L'Assemblée du bas Clergé, qui est une espéce de Chambre des Communes, composée d'Ecclésiastiques, avoit alors quelque crédit ; elle jouissoit au moins de la liberté de s'assembler, de raisonner de controverse, & de faire brûler de tems en tems quelques Livres impies, c'est-à-dire, écrits contre elle. Le Ministre, qui est Whig aujourd'hui, ne permet pas seulement à ces Messieurs de tenir leur Assemblée, ils sont réduits dans l'obscurité de leur Paroisse au triste emploi de prier Dieu pour le Gouvernement, qu'ils ne seroient pas fâchés de troubler.

Quant aux Evêques qui sont vingt & six en tout, ils ont séance dans la Chambre Haute en dépit des Whigs, parce que la coutume ou l'abus de les regarder comme Barons subsiste encore. Il y a une clause dans le Serment que l'on prête à l'Etat, laquelle exerce bien la patience Chrétienne de ces Messieurs ; on y promet d'être de l'Eglise comme elle est établie par la Loi. Il n'y a guéres d'Evêques, de Doyens, d'Archiprêtres, qui ne pensent l'être de droit divin, c'est donc un grand sujet de mortification pour eux d'être obligés d'avouer qu'ils tiennent tout d'une misérable Loi faite par de profanes Laïques. Un savant Religieux (le Pere Courayer) a écrit depuis peu un Livre pour prouver la validité & la succession des Ordinations Anglicanes. Cet Ouvrage a été proscrit en France; mais croyez-vous qu'il ait plû au Ministére d'Angleterre? Point du tout, les maudits Whigs se soucient très-peu que la succession Episcopale ait été interrompue chez eux ou non, & que l'Evêque Parker ait été consacré dans un Cabaret (comme on le veut) ou dans une Eglise; ils aiment mieux même que les Evêques tirent leur autorité du Parlement que des Apôtres. Le Lord B... dit que cette idée de Droit divin ne serviroit qu'à faire des tyrans en camail & en rochet; mais que la Loi fait des Citoyens.

A l'égard des mœurs, le Clergé Anglican est plus réglé que celui de France, & en voici la cause. Tous les Ecclésiastiques sont élevés dans l'Université d'Oxford, ou dans celle de Cambridge, loin de la corruption de la Capitale. Ils ne sont apellés aux dignités de l'Eglise que très-tard, & dans un âge où les hommes n'ont d'autres passions que l'avarice, lorsque leur ambition manque d'alimens. Les emplois sont ici la récompense des longs services dans l'Eglise aussi-bien que dans l'Armée: on n'y voit pas de jeunes gens Evêques, ou Colonels, au sortir du Collége; de plus, les Prêtres sont presque tous mariés. La mauvaise grace contractée dans l'Université, & le peu de commerce qu'on a ici avec les femmes, font que d'ordinaire un Evêque est forcé de se contenter de la sienne. Les Prêtres vont quelquefois au Cabaret, parce que l'usage le leur permet ; & s'ils s'enivrent, c'est sérieusement & sans scandale.

Cet Etre indéfinissable, qui n'est ni Ecclésiastique ni Séculier : en un mot, ce que l'on appelle un Abbé, est une espéce inconnue en Angleterre ; les Ecclésiastiques sont tous ici réservés & presque tous pédans. Quand ils apprennent qu'en France de jeunes gens connus par leurs débauches, & élevés à la Prélature par des intrigues de femmes, font publiquement l'amour, s'égayent à composer des chansons tendres, donnent tous les jours des soupers délicats & longs, & de là vont implorer les lumiéres du S. Esprit, & se nomment hardiment les successeurs des Apôtres ; ils remercient Dieu d'être Protestans, mais ce sont de vilains héretiques à brûler à tous les Diables, comme dit Maître François Rabelais. C'est pourquoi je ne me mêle point de leurs affaires.

DES PRESBYTERIENS.

CHAPITRE VIII.

LA Religion Anglicane ne s'étend qu'en Angleterre & en Irlande ; le Presbytéranisme est la Religion dominante en Ecosse. Ce Presbytéranisme n'est autre chose que le Calvinisme pur, tel qu'il avoit été établi en France, & qu'il subsiste à Genève. Comme les Prêtres de cette Secte ne reçoivent dans les Eglises que des gages très-médiocres, & que par conséquent ils ne peuvent vivre dans le même luxe que les Evêques, ils ont pris le parti naturel de crier contre des honneurs où ils ne peuvent atteindre. Figurez-vous l'orgueilleux Diogène, qui fouloit aux pieds l'orgueil de Platon ; les Presbytériens d'Ecosse ne resemblent pas mal à ce fier & gueux raisonneur ; ils traiterent Charles Second avec bien moins d'égard que Diogène n'avoit traité Aléxandre. Car lorsqu'ils prirent les armes pour lui contre Cromwell qui les avoit trompés, ils firent essuyer à ce pauvre Roi quatre Sermons par jour : ils lui défendoient de jouer, ils le mettoient en pénitence ; si bien que Charles se lassa bien tôt d'être Roi de ces Pédans, & s'échapa de leurs mains comme un Ecolier se sauve du Collége.

Devant un jeune & vif Bachelier Français, criaillant le matin dans les Ecoles de Théologie, le soir chantant avec les Dames, un Théologien Anglican est un Caton ; mais ce Caton paroît un Galant devant un Presbytérien d'Ecosse. Ce dernier affecte une démarche grave, un air fâché, un vaste chapeau, un long manteau par-dessus, un habit court ; prêche du nez, & donne le nom de la prostituée de Babylone à toutes les Eglises, où quelques Ecclésiastiques sont assez heureux d'avoir cinquante mille livres de rente, & où le Peuple est assez bon pour le souffrir & pour les apeller Monseigneur, Votre Grandeur, & Votre Eminence.

Ces Messieurs, qui ont aussi quelques Eglises en Angleterre, ont mis leurs airs graves & sévéres à la mode en ce Pays. C'est à eux qu'on doit la sanctification du Dimanche dans les trois Royaumes. Il est défendu ce jour-là de travailler & de se divertir ; ce qui est le double de la sévérité des Eglises Catholiques.

Point d'Opera, point de Comédies, point de Concerts à Londres le Dimanche ; les Cartes même y font si expressément défendues, qu'il n'y a que les personnes de qualité, & ce qu'on apelle les honnêtes gens, qui jouent ce jour-là, le reste de la Nation va au Sermon, au Cabaret, & chez les filles de joye.

Quoique la Secte Episcopale & la Presbytérienne soient les deux dominantes dans la Grande-Brétagne, toutes les autres y sont bien venues & vivent assez bien ensemble, pendant que la plûpart de leurs Prédicans se détestent réciproquement avec presqu'autant de cordialité qu'un Janséniste damne un Jésuite.

Entrez dans la Bourse de Londres, cette Place plus respectable que bien des Cours, dans laquelle s'assemblent les Députés de toutes les Nations pour l'utilité des hommes. Là le Juif, le Mahométan & le Chrétien traitent l'un avec l'autre, comme s'ils étoient de la même Religion, & ne donnent le nom d'infidèles qu'à ceux qui font banqueroute. Là le Presbytérien se fie à l'Anabaptiste, & l'Anglican reçoit la promesse du Quaker. Au sortir de ces pacifiques & libres Assemblées, les uns vont à la Synagogue, les autres vont boire ; celui-ci va se faire baptiser dans une grande Cuve au nom du Pere, par le Fils, au S. Esprit ; celui-là fait couper le prépuce de son fils, & fait marmotter sur l'enfant des paroles Hébraïques qu'il n'entend point ; les autres vont dans leur Eglise entendre l'inspiration de Dieu, leur chapeau sur la tête, & tous sont contens.

S'il n'y avoit en Angleterre qu'une Religion, le Despotisme seroit à craindre : s'il n'y en avoit que deux, elles se couperoient la gorge ; mais il il y en a trente, & elles vivent en paix & heureuses.

DES SOCINIENS,
OU ARIENS,
OU TITRINITAIRES.

CHAPITRE IX.

Il y a ici une petite Secte composée d'Ecclésiastiques & de quelques Séculiers très-savans, qui ne prennent ni le nom d'Ariens, ni celui de Sociniens, mais qui ne sont point du tout de l'avis de S. Athanase sur le chapitre de la Trinité, & qui vous disent nettement que le Pere est plus grand que le Fils.

Vous souvenez-vous d'un certain Evêque Orthodoxe, qui pour convaincre un Empereur de la Consubstantiation, s'avisa de prendre le Fils de l'Empereur sous le menton, & de lui tirer le nez en présence de sa sacrée Majesté ? L'Empereur alloit faire jetter l'Evêque par la fenêtre, quand le bon-homme lui dit ces belles & convaincantes paroles: Seigneur, si votre Majesté est si fâchée que l'on manque de respect à son fils, comment pensez-vous que Dieu le Pere traitera ceux qui refusent à Jesus-Christ les titres qui lui sont dûs ? Les gens dont je vous parle disent que le S. Evêque étoit fort mal avisé, que son argument n'étoit rien moins que concluant, & que l'Empereur devoit lui répondre: Aprenez qu'il y a deux façons de me manquer de respect, la premiere de ne rendre pas assez.

d'honneur à mon fils, & la seconde de lui en rendre autant qu'à moi.

Quoi qu'il en soit, le parti d'Arius commence à revivre en Angleterre aussi-bien qu'en Hollande & en Pologne. Le grand Mr Newton faisoit à cette opinion l'honneur de la favoriser. Ce Philosophe pensoit que les Unitaires raisonnoient plus géometriquement que nous. Mais le plus ferme patron de la Doctrine Arienne, est l'illustre Docteur Clarke. Cet homme est d'une vertu rigide, & d'un caractére doux, plus amateur de ses opinions que passionné pour faire des Prosélites, uniquement occupé de calculs & de démonstrations, aveugle & sourd pour tout le reste, une vraye machine à raisonnement.

C'est lui qui est l'Auteur d'un Livre assez peu entendu, & estimé, sur l'existence de Dieu; & d'un autre plus intelligible, mais assez méprisé, sur la vérité de la Religion Chrétienne.

Il ne s'est point engagé dans de belles disputes Scholastiques, que notre ami apelle de vénérables billevesées, il s'est contenté de faire imprimer un Livre qui contient tous les témoignages des premiers Siècles pour & contre les Unitaires, & a laissé au Lecteur le soin de compter les voix & de juger. Ce Livre du Docteur lui a attiré beaucoup de partisans; mais l'a empêché d'être Archevêque de Cantorbery. Car lorsque la Reine Anne voulut lui donner ce Poste un Docteur nommé Gibson, qui avoit sans doute ses raisons, dit à la Reine: MADAME, Mr Clarke est le plus savant & le plus honnête homme du Royaume, il ne lui manque qu'une chose. Et quoi, dit la Reine? C'est d'être Chrétien, dit le Docteur bénévole. Je crois que Clarke s'est trompé dans son calcul, & qu'il valoit mieux être Primat Orthodoxe d'Angleterre que Curé Arien.

Vous voyez quelles révolutions arrivent dans les opinions comme dans les Empires. Le parti d'Arius après trois cens ans de triomphe, & douze siécles d'oubli, renaît enfin de sa cendre; mais il prend très-mal son tems de reparoître dans un âge où tout le monde est rassasié de disputes & de Sectes. Celle-ci est encore trop petite pour obtenir la liberté des Assemblées publiques, elle l'obtiendra sans doute si elle devient plus nombreuse; mais on est si tiéde à présent sur tout cela, qu'il n'y a plus guère de fortune à faire pour une Religion nouvelle ou renouvellée. N'est-ce pas une chose plaisante que Luther, Calvin, Zuingle, tous Ecrivains qu'on ne peut lire, ayent fondé des Sectes qui partagent l'Europe: que l'ignorant Mahomet ait donné une Religion à l'Asie & à l'Afrique; & que Messieurs Newton, Clarke, Locke, le Clerc, &c. les plus grands Philosophes & les meilleures Plumes de leur tems, ayent pû à peine venir à bout d'établir un petit Troupeau qui même diminue tous les jours?

Voilà ce que c'est que de venir au monde à propos. Si le Cardinal de Retz reparoissoit aujourd'hui, il n'ameûteroit pas dix femmes dans Paris.

Si Cromwel renaissoit, lui qui a fait couper la tête à son Roi, & s'est fait Souverain, seroit un simple Marchand de Londres.

DU PARLEMENT.

CHAPITRE X.

Les Membres du Parlement d'Angleterre aiment à se comparer aux anciens Romains, autant qu'ils le peuvent. Il n'y a pas long-tems que Mr Schipping dans la Chambre des Communes commença son discours par ces mots; *La Majesté du Peuple Anglais seroit blessée.* La singularité de l'expression causa un grand éclat de rire; mais sans se déconcerter, il répéta les mêmes paroles d'un air ferme, & on ne rit plus. J'avoue que je ne vois rien de commun entre la Majesté du Peuple Anglais & celle du Peuple Romain, encore moins entre leurs Gouvernemens. Il y a un Sénat à Londres, dont quelques Membres sont soupçonnés, quoiqu'à tort sans doute, de vendre leurs voix dans l'occasion, comme on faisoit à Rome: voilà toute la ressemblance; d'ailleurs les deux Nations me paroissent entiérement différentes, soit en bien, soit en mal. On n'a jamais connu chez les Romains la folie horrible des guerres de Religion; cette abomination étoit réservée à des Dévots prêcheurs d'humilité & de patience. Marius & Sylla, Pompée & César, Antoine & Auguste, ne se battoient point pour décider si le Flamen devoit porter sa chemise par-dessus sa robe, ou sa robe par-dessus sa chemise; & si les Poulets sacrés devoient manger & boire, ou bien manger seulement, pour qu'on prît les augures. Les Auglais se sont fait pendre autrefois réciproquement à leurs Assises, & se sont détruits en bataille rangée pour des querelles de pareille espèce. La Secte des Episcopaux & le Presbytérianisme ont tourné, pour un tems, ces têtes mélancoliques. Je m'imagine que pareille sottise ne leur arrivera plus; ils me paroissent devenir sages à leurs dépens, & je ne leur vois nulle envie de s'égorger dorénavant pour des syllogismes. Toutefois qui peut répondre des hommes?

Voici une différence plus essentielle entre Rome & l'Angleterre, qui met tout l'avantage du côté de la dernière, c'est que le fruit des Guerres civiles à Rome a été l'esclavage, & celui des troubles d'Angleterre la liberté. La Nation Angloise est la seule de la Terre, qui soit parvenue à régler le pouvoir des Rois en leur resistant, & qui d'efforts en efforts ait enfin établi ce Gouvernement sage, où le Prince tout-puissant pour faire du bien, a les mains liées pour faire le mal, où les Seigneurs sont grands sans insolence & sans Vassaux, & où le Peuple partage le Gouvernement sans confusion (*).

La Chambre des Pairs & celle des Communes sont les Arbitres de la Nation, le Roi est le Surarbitre. Cette balance manquoit aux Romains; les Grands & le Peuple étoient toujours en division à Rome, sans qu'il y eût un pouvoir mitoyen qui pût les accorder. Le Sé-

---

(*) *Il faut ici bien soigneusement peser les termes. Le mot de Roi ne signifie point par-tout la même chose. En France, en Espagne, il signifie un homme qui par les droits du sang est le Juge souverain & sans apel de toute la Nation. En Angleterre, en Suede, en Pologne, il signifie le premier Magistrat.*

nat de Rome, qui avoit l'injuste & punissable orgueil de ne vouloir rien partager avec les Plébeïens, ne connoissoit d'autre secret pour les éloigner du Gouvernement, que de les occuper toujours dans les guerres étrangeres; ils regardoient le Peuple comme une Bête féroce qu'il falloit lâcher sur leurs voisins, de peur qu'elle ne dévorât ses Maîtres. Ainsi le plus grand défaut du Gouvernement des Romains en fit des Conquérans; c'est parce qu'ils étoient malheureux chez eux qu'ils devinrent les Maîtres du Monde, jusqu'à ce qu'enfin leurs divisions les rendirent esclaves.

Le Gouvernement d'Angleterre n'est point fait pour un si grand éclat, ni pour une fin si funeste; son but n'est point la brillante folie de faire des conquêtes, mais d'empêcher que ses voisins n'en fassent. Ce Peuple n'est pas seulement jaloux de sa liberté, il l'est encore de celle des autres. Les Anglais étoient acharnés contre Louis XIV. uniquement parce qu'ils lui croyoient de l'ambition. Il en a coûté sans doute pour établir la liberté en Angleterre; c'est dans des mers de sang qu'on a noyé l'Idole du Pouvoir despotique; mais les Anglais ne croyent point avoir acheté trop cher leurs Loix. Les autres Nations n'ont pas versé moins de sang qu'eux; mais ce sang qu'elles ont répandu pour la cause de leur liberté, n'a fait que cimenter leur servitude.

Ce qui devient une révolution en Angleterre, n'est qu'une sédition dans les autres Pays. Une Ville prend les armes pour défendre ses priviléges, soit en Barbarie, soit en Turquie; aussi-tôt des Soldats mercenaires la subjuguent, des Bourreaux la punissent, & le reste de la Nation brise ses chaînes. Les Français pensent que le Gouvernement de cette Isle est plus orageux que la Mer qui l'environne, &

cela est vrai; mais c'est quand le Roi commence la tempête, c'est quand il veut se rendre le Maître du Vaisseau dont il n'est que le premier Pilote. Les Guerres Civiles de France ont été plus longues, plus cruelles, plus fécondes en crimes que celles d'Angleterre; mais de toutes ces guerres civiles aucune n'a eu une liberté sage pour objet.

Dans le tems détestable de Charles IX. & de Henri III. Il s'agissoit seulement de savoir si on seroit l'esclave des Guises; pour la derniere guerre de Paris, elle ne mérite que des sifflets. Il me semble que je vois des Ecoliers qui se mutinent contre le Préfet d'un Collége, & qui finissent par être fouetés. Le Cardinal de Retz avec beaucoup d'esprit & de courage mal employés, rebelle sans aucun sujet, factieux sans dessein, Chef de parti sans Armée, cabaloit pour cabaler, & sembloit faire la guerre civile pour son plaisir. Le Parlement de Paris ne savoit ce qu'il vouloit, ni ce qu'il ne vouloit pas. Il levoit des troupes par Arrêt, il les cassoit, il menaçoit, il demandoit pardon; il mettoit à prix la tête du Cardinal Mazarin, & ensuite venoit le complimenter en cérémonie. Nos Guerres Civiles sous Charles VI. avoient été cruelles, celles de la Ligue furent abominables, celle de la Fronde fut ridicule.

Ce qu'on reproche le plus en France aux Anglais, c'est le supplice de Charles I. (*) qui fut & avec raison traité par ses vainqueurs comme il les eût traité s'il eût été heureux. Aprés tout, regardez d'un côté Charles I. vaincu en bataille rangée, prisonnier, jugé, condamné dans Westminster, & décapité, & de l'autre, l'Empereur Henri VII.

(*) *Monarque digne d'un meilleur sort.*

empoisonné par son Chapelain en communiant, Henri III. assassiné par un Moine, trente assassinats médités contre Henri IV. plusieurs exécutés, & le dernier privant enfin la France de ce grand Roi ; pesez ces attentats, & jugez.

SUR LE GOUVERNEMENT.

CHAPITRE XI.

Ce mélange dans le Gouvernement d'Angleterre, ce concert entre les Communes, les Lords & le Roi, n'a pas toujours subsisté. L'Angleterre a été long-tems esclave, elle l'a été des Romains, des Saxons, des Danois, des Français. Guillaume le Conquerant la gouverna sur-tout avec un Sceptre de fer. Il disposoit des biens, de la vie de ses nouveaux Sujets, comme un Monarque de l'Orient; il défendit sous peine de mort qu'aucun Anglais osât avoir du feu & de la lumiere chez lui passé huit heures du soir ; soit qu'il prétendît par-là prévenir leurs assemblées nocturnes, soit qu'il voulût essayer par une défense si bisarre jusqu'où peut aller le pouvoir des hommes sur d'autres hommes. Il est vrai qu'avant & après Guillaume le Conquérant, les Anglais ont eu des Parlemens, ils s'en vantent, comme si ces Assemblées apellées alors Parlemens, composées de tyrans Ecclésiastiques & de pillars nommés Barons, avoient été les gardiens de la Liberté & de la Félicité publique.

Les Barbares, qui des bords de la Mer Baltique fondirent dans le reste de l'Europe, apporterent avec eux l'usage de ces Etats ou Parlemens dont on fait tant de bruit, & qu'on connoît si peu ; les Rois alors n'étoient point despotiques, cela est vrai, & c'est précisément par cette raison que les Peuples gémissoient dans une servitude misérable : les chefs de ces Sauvages qui avoient ravagé la France, l'Italie, l'Espagne & l'Angleterre, se firent Monarques. Leurs Capitaines partagérent entr'eux les Terres des vaincus, de-là ces Margraves, ces Lairds, ces Barons, ces Sous-Tyrans, qui disputoient souvent avec des Rois mal affermis les dépouilles des Peuples. C'étoient des Oiseaux de proye combattans contre un Aigle pour succer le sang des Colombes : chaque Peuple avoit cent Tyrans au lieu d'un bon Maître. Des Prêtres se mirent bientôt de la partie; de tout tems le sort des Gaulois, des Germains, des Insulaires d'Angleterre, avoit été d'être gouvernés par leurs Druïdes, & par les Chefs de leurs Villages, ancienne espèce de Barons, mais moins tyrans que leurs successeurs. Ces Druïdes se disoient médiateurs entre la Divinité & les hommes, ils faisoient des Loix, ils excommunioient, ils condamnoient à la mort. Les Evêques succéderent peu à peu à leur autorité temporelle dans le Gouvernement Goth & Vandale. Les Papes se mirent à leur tête, & avec des Brefs, des Bulles & des Moines, ils firent trembler les Rois, les déposerent, les firent assassiner & tirerent à eux tout l'argent qu'ils purent de l'Europe. L'imbécile Inas, l'un des Tyrans de la Heptarchie d'Angleterre, fut le premier qui dans un Pélerinage à Rome, se soumit à payer le denier de S. Pierre (ce qui étoit environ un écu de notre monnoye) pour chaque

Maison de son Territoire. Toute l'Isle suivit bien-tôt cet exemple, l'Angleterre devint petit à petit une Province du Pape ; le S. Pere y envoyoit de tems en tems ses Légats, pour y lever des impôts exorbitans ; Jean sans terre fit enfin une cession en bonne forme de son Royaume à Sa Sainteté, qui l'avoit excommunié,, & les Barons qui n'y trouverent pas leur compte chasserent ce misérable Roi, & mirent à sa place Louis VIII. Pere de Saint Louis Roi de France. Mais ils se dégoûterent bien-tôt de ce nouveau venu, & lui firent repasser la Mer.

Tandis que les Barons, les Evéques, les Papes déchiroient tous ainsi l'Angleterrre, où tous vouloient commander, le Peuple, la plus nombreuse, la plus utile, & même la plus vertueuse partie des hommes, composée de ceux qui étudient les Loix & les Sciences, des Négocians, des Artisans ; le Peuple, dis-je, étoit regardé par eux comme des Animaux au-dessous de l'homme. Il s'en falloit bien que les Communes eussent alors part au Gouvernment, c'étoient des Vilains, leur travail, leur sang apartenoient à leurs Maîtres qui s'apelloient Nobles. Le plus grand nombre des hommes étoit en Europe ce qu'ils sont encore en plusieurs endroits du Monde, serfs d'un Seigneur, espéce de Bétail qu'on vend & qu'on achete avec la Terre. Il a fallu des Siécles, pour rendre justice à l'humanité, pour sentir qu'il étoit horrible que le grand nombre semât, & que le petit recueillît ; & n'est-ce pas un bonheur pour les Français que l'autorité de ces petits Brigands ait été éteinte en France par la puissance légitime des Rois, & en Angleterre par celle du Roi & de la Nation ?

Heureusement dans les secousses que les

querelles des Rois & des Grands donnoient aux Empires, les fers des Nations se sont plus ou moins relâchés, la Liberté est née en Angleterre des querelles des Tyrans. Les Barons forcérent Jean sans terre & Henri III à accorder cette fameuse Charte dont le principal but étoit à la vérité de mettre les Rois dans la dépendance des Lords; mais dans laquelle le reste de la Nation fût un peu favorisée, afin que dans l'occasion elle se rangeât du parti de ses prétendus Protecteurs. Cette grande Charte, qui est regardée comme l'origine sacrée des Libertés Anglaises, fait bien voir elle-même combien peu la Liberté étoit connue; le titre seul prouve que le Roi se croyoit absolu de droit, & que les Barons & le Clergé même ne le forçoient à se relâcher de ce droit prétendu, que parce qu'ils étoient les plus forts.

Voici comme commence la grande Charte : ,, Nous accordons de notre libre volonté les ,, Priviléges suivans aux Archevêques, Evê- ,, ques, Abbés, Prieurs & Barons de notre ,, Royaume, &c...

Dans les Articles de cette Charte il n'est pas dit un mot de la Chambre des Communes, preuve qu'elle n'existoit pas encore, ou qu'elle existoit sans pouvoir; on y spécifie les hommes libres d'Angleterre, triste démonstration qu'il y en avoit qui ne l'étoient pas; on voit par l'Article XXXII. que les hommes prétendus libres devoient des services à leur Seigneur. Une telle Liberté tenoit encore beaucoup de l'esclavage.

Par l'Article XXI. le Roi ordonne que ses Officiers ne pourront dorénavant prendre de force les Chevaux & les Charettes des hommes libres qu'en payant. Ce Réglement parut au Peuple une vraie Liberté, parce qu'il ôtoit une plus grande Tyrannie. Henri VII. Uſurpateur heureux & grand Politique, qui faiſoit ſemblant d'aimer les Barons, mais qui les haïſſoit & les craignoit, s'aviſa de procurer l'aliénation de leurs Terres. Par-là les Vilains qui dans la ſuite acquirent du bien par leurs travaux, acheterent les Châteaux des illuſtres Pairs qui s'etoient ruinés par leur folie, peu à peu toutes les Terres changérent de maître.

La Chambre des Communes devint de jour en jour plus puiſſante. Les familles des anciens Pairs s'éteignirent avec le tems, & comme il n'y a proprement que les Pairs qui ſoient Nobles en Angleterre, dans la rigueur de la Loi, il n'y auroit plus du tout de Nobleſſe en ce pays-là, ſi les Rois n'avoient pas créé de nouveaux Barons de tems en tems, & conſervé le Corps des Pairs qu'ils avoient tant craint autrefois, pour l'opoſer à celui des Communes devenu trop redoutable.

Tous ces nouveaux Pairs qui compoſent la Chambre Haute, reçoivent du Roi leur titre & rien de plus ; preſqu'aucun d'eux n'a la Terre dont il porte le nom. L'un eſt Duc de Dorſet, & n'a pas un pouce de terre en Dorſethſire ; l'autre eſt Comte d'un Village, qui ſait à peine où ce Village eſt ſitué. Ils ont du pouvoir dans le Parlement, non ailleurs.

Vous n'entendez point ici parler de haute, moyenne & baſſe Juſtice, ni du droit de chaſſer ſur les Terres d'un Citoyen, lequel n'a pas la jouiſſance de tirer un coup de fuſil ſur ſon propre champ.

Un homme, parce qu'il eſt Noble, ou Prêtre, n'eſt point ici exempt de payer certaines taxes ; tous les impôts ſont réglés par la Chambre des Communes, qui n'étant que la ſeconde par son rang, est la premiere par son crédit.

Les Seigneurs & les Evêques peuvent bien rejetter le Bill des Communes, lorsqu'il s'agit de lever de l'argent, mais il ne leur est pas permis d'y rien changer; il faut, ou qu'ils le reçoivent, ou qu'ils le rejettent sans restriction. Quand le Bill est confirmé par les Lords & aprouvé par le Roi, alors tout le monde paye, chacun donne, non selon sa qualité (ce qui seroit absurde) mais selon son revenu. Il n'y a point de taille, ni de capitation arbitraire, mais une taxe réelle sur les terres, elles ont toutes été évaluées sous le fameux Roi Guillaume III.

La taxe subsiste toujours la même, quoique les revenus des terres ayent augmenté; ainsi personne n'est foulé & personne ne se plaint; le Païsan n'a point les pieds meurtris par des sabots, il mange du pain blanc, il est bien vêtu, il ne craint point d'augmenter le nombre de ses Bestiaux, ni de couvrir son toit de tuilles, de peur que l'on ne hausse ses impôts l'année d'après. Il y a ici beaucoup de Païsans qui ont environ cinq ou six cens Livres Sterling de revenu, & qui ne dédaignent pas de continuer à cultiver la terre qui les a enrichis, & dans laquelle ils vivent libres.

SUR LE COMMERCE.

CHAPITRE XII.

LE Commerce qui a enrichi les Citoyens en Angleterre, a contribué à les rendre libres, & cette liberté a étendu le Commerce à son tour ; de-là s'est formée la grandeur de l'Etat. C'est le Commerce qui a établi peu à peu les forces navales, par qui les Anglais sont les Maîtres des Mers ; ils ont à-présent près de deux cens Vaisseaux de guerre. La postérité apendra peut-être avec surprise qu'une petite Isle, qui n'a de soi-même qu'un peu de Bled, de Plomb, de l'Etain, de la terre à foulon, & de la Laine grossiére, est devenue par son Commerce assez puissante pour envoyer en 1723. trois Flotes à la fois en trois extrémités du Monde : l'une devant Gibraltar, conquise & conservée par ses armes : l'autre à Portobello pour ôter au Roi d'Espagne la jouissance des trésors des Indes ; & la troisiéme dans la Mer Baltique pour empêcher les Puissances du Nord de se battre.

Quand Louis XIV. faisoit trembler l'Italie, & que ses Armées déja maîtresses de la Savoye & du Piémont, étoient prêtes de prendre Turin, il fallut que le Prince Eugène marchât du fond de l'Allemagne au secours du Duc de Savoye. Il n'avoit point d'argent, sans quoi on ne prend ni ne défend les Villes ; il eut recours à des Marchands Anglais. En une demie-heure de tems on lui prêta cinq millions, avec cela il délivra Turin, battit les Français, & écrivit à ceux qui avoient prêté cette somme ce petit billet : ,, Messieurs, j'ai reçu vo-,, tre argent, & je me flatte de l'avoir em-,, ployé à votre satisfaction. '' Tout cela donne un juste orgueil à un Marchand Anglais, & fait qu'il ose se comparer, non sans quelque raison à un Citoyen Romain ; aussi le cadet d'un Pair du Royaume ne dédaigne point le négoce. Mylord Townshend Ministre d'Etat, a un frere qui se contente d'être Marchand dans la Cité, dans le tems que Mylord Oxford gouvernoit l'Angleterre, son cadet étoit Facteur à Alep, d'où il ne voulut pas revenir, & où il est mort. Cette coûtume, qui pourtant commence trop à se passer, paroît monstrueuse à des Allemands entêtés de leurs quartiers : ils ne sauroient concevoir que le fils d'un Pair d'Angleterre, ne soit qu'un riche & puissant Bourgeois, au lieu qu'en Allemagne tout est Prince. On a vû jusqu'à trente Altesses du même nom, n'ayant pour tout bien que des Armoiries & de l'orgueil.

En France est Marquis qui veut, & quiconque arrive à Paris du fond d'une Province avec de l'argent à dépenser, & un nom en *ac* ou en *ille*, peut dire *un homme comme moi ! un homme de ma qualité*, & mépriser souverainement un Négociant ; le Négociant entend lui-même parler si souvent avec dédain de sa profession, qu'il est assez sot pour en rougir. Je ne sai pourtant lequel est le plus utile à un Etat, ou un Seigneur bien poudré, qui sait précisément à quelle heure le Roi se léve, à quelle heure il se couche, & qui se donne des airs de grandeur en jouant le rôle d'esclave dans l'Atichambre d'un Ministre ; ou un Négociant qui enrichit son Pays, donne de son cabinet des ordres à Suratte & au Caire, & contribue au bonheur du monde.

SUR L'INSERTION DE LA PETITE VEROLE.

CHAPITRE XIII.

ON dit doucement dans l'Europe Chrétienne, que les Anglais sont des fous & des enragés ; des fous, parce qu'ils donnent la petite Vérole à leurs enfans pour les empêcher de l'avoir ; des enragés, parce qu'ils communiquent de gayeté de cœur à ces enfans une maladie certaine & affreuse dans la vûe de prévenir un mal incertain. Les Anglais de leur côté disent, les autres Européans sont des lâches & des dénaturés ; ils sont lâches, en ce qu'ils craignent de faire un peu de mal à leurs enfans ; dénaturés, en ce qu'ils les exposent à mourir un jour de la petite Vérole. Pour juger laquelle des deux Nations a raison, voici l'histoire de cette fameuse Insertion dont on parle en France avec tant d'effroi.

Les femmes de Circassie sont de tems immémorial dans l'usage de donner la petite Vérole à leurs enfans, même à l'âge de six mois, en leur faisant une incision au bras,

& en insérant dans cette incision une pustule qu'elles ont soigneusement enlevée du corps d'un autre enfant. Cette pustule fait dans le bras où elle est insinuée l'effet du levain dans un morceau de pâte ; elle y fermente & répand dans la masse du sang les qualités dont elle est empreinte. Les boutons de l'enfant, à qui l'on a donné cette petite Vérole artificielle, servent à porter la même maladie à d'autres. C'est une circulation presque continuelle en Circassie, & quand malheureusement il n'y a point de petite Vérole dans le pays, on est aussi embarassé qu'on l'est ailleurs dans une mauvaise année.

Ce qui a introduit en Circassie cette coutume, qui paroît si étrange à d'autres Peuples, est pourtant une cause commune à tous les Peuples de la Terre, c'est la tendresse maternelle & l'intérêt.

Les Circassiens sont pauvres, & leurs filles sont belles, aussi ce sont elles dont ils font le plus de trafic. Ils fournissent de Beautés les Harems du Grand Seigneur, du Sophi de Perse, & de ceux qui sont assez riches pour acheter & pour entretenir cette marchandise précieuse. Ils élevent ces filles en tout bien & en tout honneur à caresser les hommes, à former des danses pleines de lasciveté & de molesse, à rallumer par tous les artifices les plus voluptueux le goût des Maîtres dédaigneux à qui elles sont destinées. Ces pauvres créatures répétent tous les jours leur leçon avec leur mere, comme nos petites filles répétent leur Catéchisme, sans y rien comprendre.

Or il arrivoit souvent qu'un pere & une mere, après avoir pris bien des peines pour donner une bonne éducation à leurs enfans, se voyoient tout d'un coup frustrés de leur espérance. La petite Vérole se mettoit dans la famille, une fille en mouroit, une autre perdoit un œil, une troisiéme relevoit avec un gros nez, & les pauvres gens étoient ruinés sans ressource. Souvent même quand la petite Vérole devenoit épidémique, le Commerce étoit interrompu pour plusieurs années ; ce qui causoit une notable diminution dans les Serrails de Perse & de Turquie.

Une Nation commerçante est toujours fort allerte sur ses intérêts, & ne néglige rien des connoissances qui peuvent être utiles à son négoce ; les Circassiens s'aperçurent que sur mille personnes il s'en trouvoit à peine une seule qui fût attaquée deux fois d'une petite Vérole bien complette ; qu'à la vérité on essuye quelquefois trois ou quatre petites Véroles legéres, mais jamais deux qui soient décidées & dangeureuses ; qu'en un mot, jamais on n'a véritablement cette maladie deux fois en sa vie. Ils remarquerent encore que quand les petites Véroles sont très-benignes, & que leur éruption ne trouve à percer qu'une peau délicate & fine, elles ne laissent aucune impression sur le visage : de ces observations naturelles ils conclurent que si un enfant de six mois, ou d'un an, avoit une petite Verole benigne, il n'en mourroit pas, il n'en seroit pas marqué, & seroit quitte de cette maladie pour le reste de ses jours.

Il restoit donc pour conserver la vie & la beauté de leurs enfans, de leur donner la petite Vérole de bonne heure ; c'est ce que l'on fit en insérant dans le corps d'un enfant un bouton que l'on prit de la petite Vérole la plus complette, & en même tems la plus favorable qu'on put trouver.

L'expérience ne pouvoit pas manquer de réussir. Les Turcs qui sont gens sensés adopterent bien-tôt après cette coutume, & aujourd'hui jourd'hui il n'y a point de Bacha dans Constantinople qui ne donne la petite Vérole à son fils & à sa fille en les faisant sevrer.

Il y a quelques gens qui prétendent que les Circassiens prirent autrefois cette coutume des Arabes ; mais nous laissons ce point d'histoire à éclaircir par quelque savant Bénédictin, qui ne manquera pas de composer là-dessus plusieurs Volumes *in-folio* avec les preuves. Tout ce que j'ai à dire sur cette matiére, c'est que dans le commencement du Régne de George I. Madame de Wortley Montaigu, une des femmes d'Angleterre qui a le plus d'esprit, & le plus de force dans l'esprit, étant avec son mari en Ambassade à Constantinople, s'avisa de donner sans scrupule la petite Vérole à un enfant dont elle étoit accouchée en ce Pays. Son Chapelain eut beau lui dire que cette experience n'étoit pas Chrétienne, & ne pouvoit réussir que chez des Infidéles. Le fils de Madame de Wortley s'en trouva à merveille : Cette Dame de retour à Londres fit part de son expérience à la Princesse de Galles qui est aujourdhui Reine. Il faut avouer que, Titres & Couronnes à part, cette Princesse est née pour encourager tous les Arts, & pour faire du bien aux hommes, c'est un Philosophe aimable sur le Throne ; elle n'a jamais perdu ni une occasion de s'instruire, ni une occasion d'exercer sa générosité. C'est elle qui ayant entendu dire qu'une fille de Milton vivoit encore, & vivoit dans la misére, lui envoya sur le champ un présent considérable ; c'est elle qui protége le savant Pere le Courayer ; c'est elle qui daigna être la médiatrice entre le Docteur Clark & Mr Leibnitz. Dès qu'elle eut entendu parler de l'Inoculation ou Insertion de la petite Vérole, elle en fit faire l'épreuve sur quatre Criminels condamnés à mort, à qui elle sauva doublement la vie; car non-seulement elle les tira de la potence, mais à la faveur de cette petite Vérole artificielle, elle prévint la naturelle qu'ils auroient probablement eue, & dont ils seroient morts dans un âge plus avancé.

 La Princesse assurée de l'utilité de cette épreuve, fit inoculer ses enfans. L'Angleterre suivit son exemple, & depuis ce tems dix mille enfans de famille, au moins, doivent ainsi la vie à la Reine & à Madame de Wortley Montaigu, & autant de filles leur doivent leur beauté.

 Sur cent personnes dans le monde soixante au moins ont la petite Vérole; de ces soixante, vingt en meurent dans les années les plus favorables, & vingt en conservent pour toujours de fâcheux restes. Voilà donc la cinquiéme partie des hommes que cette maladie tue ou enlaidit sûrement. De tous ceux qui sont inoculés en Turquie ou en Angleterre, aucun ne meurt, s'il n'est infirme & condamné à mort d'ailleurs. Personne n'est marqué, aucun n'a la petite Vérole une seconde fois, suposé que l'Inoculation ait été parfaite. Il est donc certain que si quelque Ambassadrice Françaife avoit raporté ce secret de Constantinople à Paris, elle auroit rendu un service éternel à la Nation. Le Duc de Villequier, pere du Duc d'Aumont d'aujourd'hui, l'homme de France le mieux constitué & le plus sain, ne seroit pas mort à la fleur de son âge : le Prince Soubise, qui avoit la santé la plus brillante, n'auroit pas été emporté à l'âge de vingt-cinq ans : Monseigneur, grandpere de Louis XV. n'auroit pas été enterré dans sa cinquantiéme année. Vingt mille hommes morts à Paris de la petite Vérole en 1723, vivroient encore. Quoi donc! est-ce que les

Français n'aiment point la vie? Est-ce que leurs femmes ne se soucient point de leur beauté? En vérité nous sommes d'étranges gens! Peut-être dans dix ans prendra-t'on cette méthode Anglaise, si les Curés & les Médecins le permettent; ou bien les Français dans trois mois se serviront de l'Inoculation par fantaisie, si les Anglais s'en dégoûtent par inconstance.

J'aprends que depuis cent ans les Chinois sont dans cet usage; c'est un grand préjugé que l'exemple d'une Nation qui passe pour être la plus sage & la mieux policée de l'Univers. Il est vrai que les Chinois s'y prennent d'une façon différente: ils ne font point d'incision, ils font prendre la petite Vérole par le nez comme du tabac en poudre, cette façon est plus agréable; mais elle revient au même, & sert également à confirmer que si on avoit pratiqué l'Inoculation en France, on auroit sauvé la vie à des milliers d'hommes.

SUR LE

CHANCELIER BACON

CHAPITRE XIV.

IL n'y a pas long-tems que l'on agitoit dans une compagnie célèbre cette question usée & frivole. Quel étoit le plus grand homme qu'il y ait eu sur la Terre, si c'étoit César, Aléxandre, Tamerlan, Cromwell, &c.

Quelqu'un répondit que c'étoit sans contredit Isaac Newton. Cet homme avoit raison; car si la vraie grandeur consiste à avoir reçu du Ciel un puissant génie, & à s'en être servi pour s'éclairer soi-même & les autres, un homme comme Mr. Newton, tel qu'il s'en trouve à peine en dix siècles, est véritablement le grand homme; & ces Politiques & ces Conquérans, dont aucun siècle n'a manqué, ne sont d'ordinaire que d'illustres méchans. C'est à celui qui domine sur les esprits par la force de la Vérité, non à ceux qui font des esclaves par violence, c'est à celui qui connoît l'Univers, non à ceux qui le défigurent, que nous devons nos respects.

Puis donc que vous exigez que je vous parle des hommes célèbres qu'a porté l'Angleterre, je commencerai par les Bacons, les Lockes & les Newtons, &c. Les Généraux & les Ministres viendront à leur tour.

Il faut commencer par le fameux Baron de Vérulam, connu en Europe sous le nom de BACON, qui étoit fils d'un Garde des Sceaux, & fut long-tems Chancelier sous le Roi Jacques I. Cependant au milieu des intrigues de la Cour & des occupations de sa Charge, qui demandoient un homme tout entier, il trouva le tems d'être grand Philosophe, bon Historien, & Ecrivain élégant; & ce qui est encore plus étonnant, c'est qu'il vivoit dans un siècle où l'on ne connoissoit guères l'Art de bien écrire, encore moins la bonne Philosophie. Il a été, comme c'est l'usage parmi les hommes, plus estimé après sa mort que de son vivant. Ses ennemis étoient à la Cour de Londres, ses admirateurs étoient les Etrangers.

Lorsque le Marquis d'Effiat amena en Angleterre la Princesse Marie, fille de Henri le Grand qui devoit épouser le Roi Charles, ce Ministre alla visiter Bacon, qui lors étant malade au lit le reçut les rideaux fermés. Vous reſſemblez aux Anges, lui dit d'Effiat ; on entend toujours parler d'eux, on les croit bien ſupérieurs aux hommes, & on n'a jamais la conſolation de les voir.

Vous ſavez comment Bacon fut accuſé d'un crime qui n'eſt guères d'un Philoſophe, de s'être laiſſé corrompre par argent. Vous ſavez comment il fut condamné par la Chambre des Pairs à une amende d'environ quatre cens mille livres de notre monnoye, à perdre ſa dignité de Chancelier & de Pair. Aujourd'hui les Anglais révèrent ſa mémoire, au point qu'à peine avouent-ils qu'il ait été coupable. Si vous me demandez ce que j'en penſe, je me ſervirai pour vous répondre d'un mot que j'ai oüi dire à Mylord Bolingbroke. On parloit en ſa préſence de l'avarice dont le Duc de Marlborough avoit été accuſé, & on en citoit des traits, ſur leſquels on apelloit au témoignage de Mylord Bolingbroke, qui ayant été d'un parti contraire, pouvoit peut-être avec bienſéance dire ce qui en étoit. C'etoit un ſi grand homme, répondit-il, que j'ai oublié ſes vices.

Je me bornerai donc à vous parler de ce qui a mérité au Chancelier Bacon l'eſtime de l'Europe.

Le plus ſingulier, & le meilleur de ſes Ouvrages, eſt celui qui eſt aujourd'hui le moins lû, & le plus inutile, je veux parler de ſon *Novum Scientiarum Organum.* C'eſt l'échaffaut avec lequel on a bâti la nouvelle Philoſophie, & quand cet Edifice a été élevé, au moins en partie, l'échaffaut n'a plus été d'aucun uſage.

Le Chancelier Bacon ne connoiſſoit pas encore la Nature, mais il ſavoit & indiquoit tous les chemins qui ménent à elle. Il avoit mépriſé de bonne heure ce que les Univerſités apelloient la Philosophie, & il faisoit tout ce qui dépendoit de lui, afin que ces Compagnies instituées pour la perfection de la Raison humaine, ne continuassent pas de la gâter par leurs *quiddités*, leurs horreurs du vuide, leurs formes substantielles, & tous ces mots impertinens, que non seulement l'ignorance rendoit respectables, mais qu'un mélange ridicule avec la Religion avoit rendu sacrés.

Il est le Pere de la Philosophie expérimentale. Il est bien vrai qu'avant lui on avoit découvert des secrets étonnans : on avoit inventé la Boussole, l'Imprimerie, la gravure des Estampes, la Peinture à l'huile, les Glaces, l'Art de rendre en quelque façon la vûe aux Vieillards par les Lunettes qu'on apelle Besicles, la Poudre à canon, &c. On avoit cherché, trouvé & conquis un nouveau Monde. Qui ne croiroit que ces sublimes découvertes eussent été faites par les plus grands Philosophes, & dans des tems bien plus éclairés que le nôtre ? Point du tout, c'est dans le tems de la plus stupide barbarie que ces grands changemens ont été faits sur la Terre. Le hazard seul a produit presque toutes ces inventions, & il y a même bien de l'aparence que ce qu'on apelle Hazard a eu grande part dans la découverte de l'Amérique, du moins a-t'on toujours cru que Christophe Colomb n'entreprit son voyage que sur la foi d'un Capitaine de Vaisseau, qu'une tempête avoit jetté jusqu'à la hauteur des Isles Caraïbes. Quoi qu'il en soit, les hommes savoient aller au bout du Monde ; ils savoient détruire des Villes avec un tonnerre artificiel, plus terrible que le tonnerre véritable ; mais ils ne connoissoient pas la circulation du Sang, la pésanteur de l'Air, les loix du mouvement, la Lumiére, le nombre de nos Planétes, &c. Et un homme qui soutenoit une Thèse sur les Catégories d'Aristote, sur l'Universel *à parte rei*, ou telle autre sottise, étoit regardé comme un prodige.

Les inventions les plus étonnantes & les plus utiles ne sont pas celles qui font le plus d'honneur à l'Esprit humain. C'est à un instinct méchanique, qui est chez la plûpart des hommes, que nous devons la plûpart des Arts, & nullement à la saine Philosophie.

La découverte du Feu, l'Art de faire du Pain, de fondre & de préparer les Métaux, de bâtir des Maisons, l'invention de la Navette, sont d'une toute autre nécessité que l'Imprimerie & la Boussolle ; cependant ces Arts furent inventés par des hommes encore sauvages.

Quel prodigieux usage les Grecs & les Romains ne firent-ils pas depuis des Méchaniques ! Cependant on croyoit de leur tems qu'il y avoit des Cieux de Crystal, & que les Etoiles étoient des petites Lampes qui tomboient quelquefois dans la Mer ; & un de leurs plus grands Philosophes après bien des recherches avoit trouvé que les Astres étoient des cailloux qui s'étoient détachés de la Terre.

En un mot, personne avant le Chancelier Bacon n'avoit connu la Philosophie expérimentale, & de toutes les épreuves physiques qu'on a faites depuis lui, il n'y en a presque pas une qui ne soit indiquée dans son Livre. Il en avoit fait lui-même plusieurs. Il fit des espèces de Machines Pneumatiques par lesquelles il devina l'élasticité de l'Air. Il a tourné tout autour de la découverte de sa pésanteur. Il y touchoit ; cette vérité fut saisie par Torricelli. Peu de tems après, la Physique expérimentale commença tout d'un coup à être cultivée à la fois dans presque toutes les parties de l'Europe. C'étoit un trésor caché dont Bacon s'étoit douté, & que tous les Philosophes encouragés par sa promesse s'efforcerent de déterrer.

On voit dans son Livre en termes exprès cette Attraction nouvelle dont Mr Nevvton passe pour l'Inventeur.

Il faut chercher, dit Bacon, s'il n'y auroit point une espèce de force Magnétique qui opère entre la Terre & les choses pesantes, entre la Lune & l'Océan, entre les Planetes, &c. En un autre endroit il dit : Il faut ou que les corps graves soient poussés vers le centre de la Terre, ou qu'ils en soient mutuellement attirés ; & en ce dernier cas, il est évident que plus les corps en tombant s'aprocheront de la Terre, plus fortement ils s'attireront. Il faut, poursuit-il, expérimenter si la même Horloge à poids ira plus vîte sur le haut d'une Montagne, ou au fond d'une Mine. Si la force des poids diminue sur la Montagne & augmente dans la Mine, il y a aparence que la Terre a une vraie attraction.

Ce précurseur de la Philosophie a été aussi un Ecrivain élégant, un Historien, un bel Esprit.

Ses Essais de Morale sont très-estimés, mais ils sont faits pour instruire, plûtôt que pour plaire : & n'étant ni la Satire de la Nature humaine, comme les Maximes de la Rochefoucault, ni l'Ecole du Scepticisme, comme Montagne, ils sont moins lus que ces deux Livres ingénieux.

Sa Vie de Henri VII. a passé pour un chef-d'œuvre ; mais comment se peut-il faire que quelques personnes osent comparer un si petit Ouvrage avec l'Histoire de notre illustre Mr de Thou ?

En parlant de ce fameux Imposteur Perkin

fils d'un Juif converti, qui prit si hardiment le nom de Richard IV. Roi d'Angleterre, encouragé par la Duchesse de Bourgogne, & qui disputa la Couronne à Henri VII. voici comme le Chancelier Bacon s'exprime: ,, En-
,, viron ce tems le Roi Henri fut obsédé
,, d'esprits malins par la magie de la Duchef-
,, se de Bourgogne; qui évoqua des Enfers
,, l'ombre d'Edouard IV. pour venir tour-
,, menter le Roi Henri. Quand la Duchesse
,, de Bourgogne eut instruit Perkin, elle com-
,, mença à délibérer par quelle région du Ciel
,, elle feroit paroître cette Comette, & elle
,, résolut qu'elle éclateroit d'abord sur l'ho-
,, rison de l'Irlande.

Il me semble que notre sage de Thou ne donne guères dans ce Phœbus, qu'on prenoit autrefois pour du sublime, mais qu'à présent on nomme avec raison galimatias.

SUR Mr LOCKE.

CHAPITRE XV.

JAmais il ne fut peut-être un esprit plus sage, plus méthodique, & un Logicien plus exact que Mr Locke; cependant il n'étoit pas grand Mathématicien. Il n'avoit jamais pû se soumettre à la fatigue des calculs, ni à la sécheresse des vérités Mathématiques, qui ne présentent d'abord rien de sensible à l'esprit; & personne n'a mieux prouvé que lui, qu'on pouvoit avoir l'esprit Géometre, sans le secours de la Géométrie. Avant lui de grands

Philosophes avoient décidé positivement, ce que c'est que l'Ame de l'homme, mais puisqu'ils n'en savoient rien du tout, il est bien juste qu'ils ayent tous été d'avis différens.

Dans la Gréce, berceau des Arts & des Erreurs, & où l'on poussa si loin la grandeur & la sottise de l'Esprit humain, on raisonnoit comme chez nous sur l'Ame.

Le divin Anaxagoras, à qui on dressa un Autel, pour avoir apris aux hommes que le Soleil étoit plus grand que le Péloponèse, que la neige étoit noire, & que les Cieux étoient de pierre, affirma que l'Ame étoit un Esprit aërien, mais cependant immortel. Diogène, un autre que celui qui devint Cynique, après avoir été faux Monnoyeur, assuroit que l'Ame étoit une portion de la substance même de Dieu ; & cette idée au moins étoit brillante. Epicure la composoit de parties comme le corps.

Aristote, qu'on a expliqué de mille façons, parce qu'il étoit inintelligible, croyoit, si l'on s'en raporte à quelques-uns de ses Disciples, que l'Entendement de tous les hommes étoit une seule & même Substance.

Le divin Platon, Maître du divin Aristote, & le divin Socrate, Maître du divin Platon, disoient l'Ame corporelle & éternelle. Le Démon de Socrate lui avoit apris sans doute ce qui en étoit. Il y a des gens à la vérité qui prétendent qu'un homme qui se vantoit d'avoir un Génie familier, étoit indubitablement un fou, ou un fripon ; mais ces gens-là sont trop difficiles.

Quant à nos Peres de l'Eglise, plusieurs dans les premiers siècles, ont cru l'Ame humaine, les Anges & Dieu corporels. Le monde se rafine toujours. S. Bernard, selon l'aveu du Pere Mabillon, enseigna à propos de l'Ame, qu'après la mort elle ne voyoit pas Dieu dans le Ciel; mais qu'elle converfoit feulement avec l'Humanité de Jefus-Chrift. On ne le crut pas cette fois fur fa parole, l'avanture de la Croifade avoit un peu décrédité fes oracles. Mille Scolaftiques font venus enfuite, comme le Docteur irréfragable (a), le Docteur fubtil (b), le Docteur Angélique (c), le Docteur Séraphique (d), le Docteur Chérubique, qui tous ont été bien fûrs de connoître l'Ame très-clairement; mais qui n'ont pas laiffé d'en parler, comme s'ils avoient voulu que perfonne n'y entendît rien. Notre Defcartes, né non pour découvrir les erreurs de l'Antiquité, mais pour fubftituer les fiennes, & entraîné par cet Efprit fyftématique qui aveugle les plus grands hommes, s'imagina avoir démontré que l'Ame étoit la même chofe que la Penfée, comme la Matiére, felon lui, eft la même chofe que l'Etendue. Il affura bien que l'on penfe toujours, & que l'Ame arrive dans le corps pourvûe de toutes les notions métaphyfiques, connoiffant Dieu, l'efpace infini, ayant toutes les idées abftraites, remplie enfin de belles connoiffances, qu'elle oublie malheureufement en fortant du ventre de la mere.

Le P. MALLEBRANCHE de l'Oratoire dans fes Illufions fublimes, n'admet point les idées innées, mais il ne doutoit pas que nous ne viffions tout en Dieu, & que Dieu, pour ainfi dire, ne fût notre Ame.

Tant de Raifonneurs ayant fait le Roman de l'Ame, un Sage eft venu qui en a fait modeftement l'Hiftoire. Mr Loche a développé à l'Homme la Raifon humaine, comme un

(a) Hales.   (c) S. Thomas.
(b) Scot.   (d) S. Bonaventure.

excellent Anatomiste explique les ressorts du Corps humain; il s'aide par tout du flambeau de la Physique, il ose quelquefois parler affirmativement, mais il ose aussi douter. Au lieu de définir tout d'un coup ce que nous ne connoissons pas, il examine par degrez ce que nous voulons connoître, il prend un enfant au moment de sa naissance, il suit pas à pas les progrès de son Entendement, il voit ce qu'il a de commun avec les Bêtes, & ce qu'il a au-dessus d'elles. Il consulte sur-tout son propre témoignage, la conscience de sa pensée.

Je laisse, dit-il, à discuter à ceux qui en savent plus que moi, si notre Ame existe avant ou après l'organization de notre corps; mais j'avoue qu'il m'est tombé en partage une de ces ames grossiéres qui ne pensent pas toujours; & j'ai même le malheur de ne pas concevoir qu'il soit plus nécessaire à l'Ame de penser toujours, qu'au corps d'être toujours en mouvement.

Pour moi je me vante de l'honneur d'être en ce point aussi stupide que Mr Locke. Personne ne me fera jamais croire que je pense toujours, & je ne me sens pas plus disposé que lui à imaginer que quelques semaines après ma conception, j'étois une fort savante Ame, sachant alors mille choses que j'ai oubliées en naissant, & ayant fort inutilement possédé dans l'*uterus* des connoissances qui m'ont échapé, dès que j'ai pû en avoir besoin, & que je n'ai jamais bien pû raprendre depuis.

Mr Locke, après avoir ruiné les idées innées, après avoir bien renoncé à la vanité de croire qu'on pense toujours, ayant bien établi que toutes nos idées nous viennent par les Sens, ayant examiné nos idées simples, celles qui font compofées, ayant fuivi l'Efprit de l'homme dans toutes fes opérations, ayant fait voir combien les Langues que les hommes parlent font imparfaites, & quel abus nous faifons des termes à tous momens ; il vient enfin à confidérer l'étendue ou plutôt le néant des connoiffances humaines. Ce fut dans ce Chapitre qu'il ofa avancer modeftement ces paroles : ,, Nous ne ferons peut-être jamais ,, capables de connoître fi un être purement ,, matériel penfe ou non. " Ce difcours fage parut à plus d'un Théologien une déclaration fcandaleufe, que l'Ame eft matérielle & mortelle. Quelques Anglais dévots à leur maniére fonnerent l'allarme. Les fuperftitieux font dans la Société ce que les poltrons font dans une Armée ; ils ont & donnent des terreurs paniques. On cria que Mr Locke vouloit renverfer la Religion ; il ne s'agiffoit pourtant pas de Religion dans cette affaire : c'étoit une queftion purement philofophique, très-indépendante de la Foi & de la Révelation. Il ne faloit qu'examiner fans aigreur s'il y a de la contradiction à dire, la Matiére peut penfer, & fi Dieu peut communiquer la Penfée à la Matiére. Mais les Théologiens commencent trop fouvent par dire que Dieu eft outragé, quand on n'eft pas de leurs avis ; c'eft trop reffembler aux mauvais Poëtes, qui crioient que Defpreaux parloit mal du Roi, parce qu'il fe mocquoit d'eux. Le Docteur Stillingfleet s'eft fait une réputation de Théologien modéré, pour n'avoir pas dit pofitivement des injures à Mr Locque. Il entra en lice contre lui, mais il fut battu, car il raifonnoit en Docteur, & Locke en Philofophe inftruit de la force & de la foibleffe de l'Efprit humain, & qui fe battoit avec des armes dont il connoiffoit la trempe.

Si j'ofois parler après Mr Locke, sur un sujet si délicat, je dirois : Les hommes disputent depuis long tems sur la nature & sur l'immortalité de l'Ame ; à l'égard de son immortalité, il est impossible de la démontrer, puisqu'on dispute encore sur sa nature, & qu'assurément il faut connoître à fond un Etre créé, pour décider s'il est immortel ou non. La Raison humaine est si peu capable de démontrer par elle-même l'immortalité de l'Ame, que la Religion a été obligée de nous la révéler. Le bien commun de tous les hommes demande qu'on croye l'Ame immortelle : la Foi nous l'ordonne, il n'en faut pas davantage, & la chose est presque décidée. Il n'en est pas de même de sa nature ; il importe peu à la Religion de quelle Substance soit l'Ame, pourvû qu'elle soit vertueuse. C'est une Horloge qu'on nous a donné à gouverner ; mais l'Ouvrier ne nous a pas dit de quoi le ressort de cette Horloge est composé.

Je suis Corps & je pense, je n'en sai pas davantage. Si je ne consulte que mes foibles lumiéres, irai-je attribuer à une cause inconnue ce que je puis si aisément attribuer à la seule cause seconde que je connos un peu ? Ici tous les Philosophes de l'Ecole m'arrêtent en argumentant, & disent : Il n'y a dans le Corps que de l'étendue & de la solidité, & il ne peut avoir que du mouvement & de la figure. Or, du mouvement, de la figure, de l'étendue & de la solidité ne peuvent faire une pensée ; donc l'Ame ne peut pas être matiére. Tout ce grand raisonnement répété tant de fois, se réduit uniquement à ceci : Je ne connois que très-peu de chose de la Matiére, j'en devine imparfaitement quelques propriétés : Or je ne sai point du tout ſi ces propriétés peuvent être jointes à la penſée ; donc, parce que je ne ſai rien du tout, j'aſſûre poſitivement que la Matiére ne ſauroit penſer. Voilà nettement la maniére de raiſonner de l'Ecole.

Mr Locke diroit avec ſimplicité à ces Meſſieurs: Confeſſez du moins que vous êtes auſſi ignorans que moi ; votre imagination ni la mienne ne peuvent concevoir comment un corps a des idées ; & comprenez-vous mieux comment une Subſtance, telle qu'elle ſoit, a des idées ? Vous ne concevez ni la Matiére ni l'Eſprit, comment oſez-vous aſſûrer quelque choſe ? Que vous importe que l'Ame ſoit un de ces Etres incompréhenſibles qu'on apelle Matiére, ou un de ces Etres incompréhenſibles qu'on apelle Eſprit ? Quoi ! Dieu, le Créateur de tout, ne peut-il pas éterniſer ou anéantir votre Ame à ſon gré, quelle que ſoit ſa ſubſtance ?

Le Superſtitieux vient à ſon tour, & dit qu'il faut brûler pour le bien de leurs Ames, ceux qui ſoupçonnent qu'on peut penſer avec la ſeule aide du Corps ; mais que diroit-il, ſi c'étoit lui-même qui fût coupable d'irréligion ? En effet, quel eſt l'homme qui oſera aſſûrer, ſans une impiété abſurde, qu'il eſt impoſſible au Créateur de donner à la Matiére la penſée & le ſentiment ? Voyez, je vous prie, à quel embarras vous êtes réduits, vous qui bornez ainſi la puiſſance du Créateur. Les Bêtes ont les mêmes organes que nous, les mêmes perceptions ; elles ont de la mémoire, elles combinent quelques idées. Si Dieu n'a pas pû animer la Matiére, & lui donner le ſentiment, il faut de deux choſes l'une, ou que les Bêtes ſoient de pures machines, ou qu'elles ayent une Ame ſpirituelle.

Il me paroît démontré que les Bêtes ne peuvent être de simples Machines, voici ma preuve: Dieu leur a fait précisément les mêmes organes de sentiment que les nôtres ; donc si elles ne sentent point, Dieu a fait un ouvrage inutile : or Dieu, de votre aveu même, ne fait rien en vain ; donc il n'a point fabriqué tant d'organes de sentiment pour qu'il n'y eût point de sentiment ; donc les Bêtes ne sont point de pures Machines. Les Bêtes, selon vous, ne peuvent pas avoir une ame spirituelle ; donc malgré vous il ne reste autre chose à dire, sinon que Dieu a donné aux organes des Bêtes, qui sont matiére, la faculté de sentir & d'apercevoir, que vous apellez Instinct dans elles. Eh ! qui peut empêcher Dieu de communiquer à nos organes plus déliés cette faculté de sentir, d'apercevoir & de penser, que nous apellons Raison humaine ? De quelque côté que vous vous tourniez, vous êtes obligés d'avouer votre ignorance, & la puissance immense du Créateur. Ne vous révoltez donc plus contre la sage & modeste Philosophie de Locke : loin d'être contraire à la Religion, elle lui serviroit de preuve, si la Religion en avoit besoin, car quelle Philophie plus religieuse que celle qui n'affirmant que ce qu'elle conçoit clairement, & sachant avouer sa foiblesse, vous dit qu'il faut recourir à Dieu dès qu'on examine les premiers principes ?

D'ailleurs, il ne faut jamais craindre qu'aucun sentiment Philosophique puisse nuire à la Religion d'un Pays. Nos Mystères ont beau être contraires à nos démonstrations ; ils n'en sont pas moins révérés par nos Philosophes Chrétiens, qui savent que les objets de la Raison & de la Foi sont de différente nature.

Jamais les Philosophes ne feront une Secte de Religion ; pourquoi ? C'est qu'ils n'écrivent point pour le Peuple, & qu'ils sont sans enthousiasme. Divisez le Genre humain en vingt parts, il y en a dix-neuf composées de ceux qui travaillent de leurs mains, & qui ne sauront jamais, s'il y a eu un Mr Locke au monde ; dans la vingtième partie qui reste, combien trouve-t'on peu d'hommes qui lisent ? & parmi ceux qui lisent, il y en a vingt qui lisent des Romans, contre un qui étudie en Philosophie. Le nombre de ceux qui pensent est excessivement petit, & ceux-là ne s'avisent pas de troubler le monde.

Ce n'est ni Montagne, ni Locke, ni Bayle, ni Spinosa, ni Hobbes, ni Mylord Shaftsbury, ni Mr Collins, ni Mr Toland, ni Flud, ni Beker, ni Mr le Comte de Boulainviliers, &c. qui ont porté le flambeau de la Discorde dans leur Patrie ; ce sont pour la plûpart des Théologiens, qui ayant eu d'abord l'ambition d'être Chefs de Sectes, ont eu bien-tôt celle d'être Chefs de partis. Que dis-je ? tous ces Livres des Philosophes modernes mis ensemble, ne feront jamais dans le monde autant de bruit seulement, qu'en a fait autrefois la dispute des Cordeliers sur la forme de leurs Manches & de leurs Capuchons.

SUR DESCARTES ET NEWTON.

CHAPITRE XVI.

UN Français qui arrive à Londres, trouve les choses bien changées en Philosophie comme dans tout le reste. Il a laissé le Monde plein, il le trouve vuide. A Paris on voit l'Univers composé de Tourbillons, de Matiére subtile; à Londres on ne voit rien de cela. Chez vous c'est la pression de la Lune qui cause le flux de la Mer : chez les Anglais c'est la Mer qui gravite vers la Lune ; de façon que quand vous croyez que la Lune devroit nous donner Marée haute, ces Messieurs croyent qu'on doit avoir Marée basse, ce qui malheureusement ne peut se vérifier. Car il auroit fallu pour s'en éclaircir examiner la Lune & les Marées au premier instant de la Création.

Vous remarquerez encore que le Soleil, qui en France n'entre pour rien dans cette affaire, y contribue ici environ pour son quart. Chez vos Cartésiens tout se fait par une impulsion, qu'on ne comprend guère ; chez Mr Newton c'est par une attraction dont on ne connoît pas mieux la cause. A Paris vous vous figurez la Terre faite comme un Melon ; à Londres elle est aplatie des deux côtés. La Lumière pour un Cartésien existe dans l'air ; pour un Newtonien elle vient du Soleil en six minutes & demie. Votre Chimie fait toutes ses orérations avec des Acides, des Alkalis, & de la Matiére subtile ; l'Attraction domine jusques dans la Chimie Anglaise.

L'Essence même des choses a totalement changé. Vous ne vous accordez ni sur la définition de l'Ame, ni sur celle de la Matiére. Descartes assûre que l'Ame est la même chose que la Pensée, & Mr Locke lui prouve assez bien le contraire.

Descartes assûre encore que l'étendue seule fait la Matiére, Newton y ajoute la solidité.

Voilà de furieuses contrariétés !

Non nostrum inter vos tantas componere lites.

Ce fameux Newton, ce Destructeur du Systême Cartésien, mourut au mois de Mars de l'an passé 1727. Il a vêcu honoré de ses compatriotes, & a été enterré comme un Roi qui auroit fait du bien à ses Sujets.

On a lû avec avidité, & l'on a traduit en Anglais l'Eloge de Mr Newton, que Mr de Fontenelle a prononcé dans l'Académie des Sciences. Mr de Fontenelle est le Juge des Philosophes, on attendoit en Angleterre son jugement comme une déclaration solemnelle de la supériorité de la Philosophie Anglaise. Mais quand on a vû qu'il comparoit Descartes à Newton, toute la Société Royale de Londres s'est soulevée ; loin d'aquiescer au jugement, on a critiqué le Discours. Plusieurs même (& ceux-là ne sont pas les plus Philosophes) ont été choqués de cette comparaison, seulement parce que Descartes étoit Français.

Il faut avouer que ces deux grands Hommes ont été bien différens l'un de l'autre dans leur conduite, dans leur fortune, & dans leur Philosophie.

Descartes étoit né avec une imagination brillante & forte, qui en fit un homme singulier dans la vie privée, comme dans sa manière de raisonner ; cette imagination ne put se cacher même dans ses Ouvrages Philosophiques, où l'on voit à tous momens des comparaisons ingénieuses & brillantes. La Nature en avoit presque fait un Poëte ; & en effet il composa pour la Reine de Suéde un divertissement en vers, que pour l'honneur de sa mémoire on n'a pas fait imprimer.

Il essaya quelque tems du métier de la guerre, & depuis étant devenu tout-à-fait Philosophe, il ne crut pas indigne de lui de faire l'amour. Il eut de sa Maîtresse une fille nommée *Francine*, qui mourut jeune, & dont il regretta beaucoup la perte. Ainsi il éprouva tout ce qui appartient à l'humanité.

Il crut long-tems qu'il étoit nécessaire de fuir les hommes, & sur-tout sa Patrie, pour philosopher en liberté.

Il avoit raison ; les hommes de son tems n'en savoient pas assez pour l'éclairer, & n'étoient guères capables que de lui nuire.

Il quitta la France, parce qu'il cherchoit la Vérité qui y étoit persécutée alors par la misérable Philosophie de l'École ; mais il ne trouva pas plus de raison dans les Universités de la Hollande où il se retira. Car dans le tems qu'on condamnoit en France les seules propositions de sa Philosophie qui fussent vrayes, il fut aussi persécuté par les prétendus Philosophes de Hollande, qui ne l'entendoient pas mieux, & qui voyant de plus près sa gloire, haïssoient davantage sa personne. Il fut obligé de sortir d'Utrecht : il essuya l'accusation d'Athéïsme, derniere ressource des calomniateurs, & lui, qui avoit employé toute la sagacité de son esprit à chercher de nouvelles preuves de l'existence d'un Dieu, fut soupçonné de n'en point reconnoître.

Tant de persécutions suposoient un très-grand mérite & une réputation éclatante; aussi avoit-il l'un & l'autre. La Raison perça même un peu dans le monde à travers les ténèbres de l'Ecole, & les préjugés de la superstition populaire. Son nom fit enfin tant de bruit, qu'on voulut l'attirer en France par des récompenses. On lui proposa une pension de mille écus. Il vint sur cette espérance, paya les frais de la Patente qui se vendoit alors, n'eut point la pension, & s'en retourna philosopher dans sa solitude de Nort-Hollande, dans le tems que le grand Galilée, à l'âge de 80. ans, gémissoit dans les prisons de l'Inquisition, pour avoir démontré le mouvement de la Terre.

Enfin, il mourut à Stockolm d'une mort prématurée, & causée par un mauvais régime, au milieu de quelques Savans ses ennemis, & entre les mains d'un médecin qui le haïssoit.

La carriére du Chevalier Newton a été toute différente. Il a vêcu 85. ans toujours tranquile, heureux & honoré dans sa Patrie.

Son grand bonheur a été non-seulement d'être né dans un Pays libre, mais dans un tems où les impertinences Scholastiques étant bannies, la Raison seule étoit cultivée, & le monde ne pouvoit être que son écolier, & non son ennemi.

Une oposition singuliére dans laquelle il se trouve avec Descartes, c'est que dans le cours d'une si longue vie, il n'a eu ni passion ni foiblesse. Il n'a jamais aproché d'aucune femme : c'est ce qui m'a été confirmé par le Médecin & le Chirurgien entre les bras de qui il est mort : on peut admirer en cela Newton, mais il ne faut pas blâmer Descartes.

L'opinon publique en Angleterre sur ces deux Philosophes, est que le premier étoit un Rêveur, & que l'autre étoit un Sage.

Très-peu de personnes à Londres lisent Descartes dont effectivement les Ouvrages sont devenus inutiles ; très-peu lisent aussi Newton, parce qu'il faut être fort savant pour le comprendre. Cependant tout le monde parle d'eux, on n'accorde rien au Français, & on donne tout à l'Anglais. Quelques gens croyent que si l'on ne s'en tient plus à l'horreur du Vuide, si l'on sçait que l'Air est pésant, si l'on se sert de Lunettes d'aproche, on en a l'obligation à Newton ; il est ici l'Hercule de la Fable, à qui les ignorans attribuoient tous les faits des autres Héros.

Dans une Critique qu'on a faite à Londres du Discours de Mr de Fontenelle, on a osé avancer que Descartes n'étoit pas un grand Géométre. Ceux qui parlent ainsi, peuvent se reprocher de battre leur nourrice. Descartes a fait un aussi grand chemin du point où il a trouvé la Géométrie jusqu'au point où il l'a poussée, que Newton en a fait après lui. Il est le premier qui ait enseigné la maniere de donner les équations algébraïques des Courbes. Sa Géométrie, graces à lui, devenue commune, étoit de son tems si profonde, qu'aucun Professeur n'osa entreprendre de l'expliquer, & qu'il n'y avoit guères en Hollande que Scotten, & en France que Fermat, qui l'entendissent.

Il porta cet esprit de Géométrie & d'invention dans la Dioptrique qui devint, entre ses mains, un art tout nouveau, & s'il s'y trompa en quelque chose, c'est qu'un homme qui découvre de nouvelles Terres, ne peut tout d'un coup en connoître toutes les propriétés. Ceux qui viennent après lui, & qui rendent ces Terres fertiles, lui ont au moins l'obligation de la découverte. Je ne nierai pas que tous les autres Ouvrages de Mr Descartes fourmillent d'erreurs.

La Géometrie étoit un Guide que lui-même avoit en quelque façon formé, & qui l'auroit conduit sûrement dans sa Physyque; cependant il abandonna à la fin ce Guide, & se livra à l'Esprit de Système. Alors sa Philosophie ne fut plus qu'un Roman ingénieux tout au plus, & vraisemblable pour les Philosophes du même tems. Il se trompa sur la nature de l'Ame, sur les loix du mouvement, sur la nature de la Lumiére. Il admit des idées innées, il inventa de nouveaux Elémens, il créa un Monde, il fit l'Homme à sa mode; & on dit avec raison que l'Homme de Descartes n'est en effet que celui de Descartes fort éloigné de l'Homme véritable.

Il poussa ses erreurs métaphysiques jusqu'à prétendre que deux & deux font quatre; parce que Dieu l'a voulu ainsi; mais ce n'est point trop dire qu'il étoit estimable, même dans ses égaremens. Il se trompa, mais ce fut au moins avec méthode, & de conséquence en conséquence. Il détruisit les chiméres absurdes dont on infatuoit la Jeunesse depuis 2000 ans. Il aprit aux hommes de son tems à raisonner, & à se servir contre lui-même de ses armes. S'il n'a pas payé en bonne monnoye, c'est beaucoup d'avoir décrié la fausse.

Je ne crois pas qu'on ose à la vérité comparer en rien sa Philosophie avec celle de Newton; la premiére est un Essai, la seconde est un Chef-d'œuvre. Mais celui qui nous a mis sur la voye de la vérité, vaut peut-être celui qui a été depuis au bout de cette cariére.

Descartes donna la vûe aux aveugles : ils virent les fautes de l'Antiquité & les siennes; la route qu'il ouvrit est depuis lui devenue immense. Le petit Livre de Rohault a fait pendant quelque tems une Physique complette; aujourd'hui tous les Recueils des Académies de l'Europe ne font pas même un commencement de Système. En aprofondissant cet abîme, il s'est trouvé infini.

HISTOIRE DE L'ATTRACTION.

CHAPITRE XVII.

JE n'entrerai point ici dans une explication Mathématique de ce qu'on apelle l'Attraction, ou la Gravitation : je me borne à l'Histoire de cette nouvelle propriété de la Matiére devinée long-tems avant Newton & demontrée par lui; c'est donner en quelque façon l'Histoire d'une création nouvelle.

Copernic, ce Christophe Colomb de l'Astronomie, avoit à peine apris aux hommes le le véritable ordre de l'Univers, si long-tems défiguré, il avoit à peine fait voir que la Terre tourne, & sur elle-même, & dans un espace

pace immense, lorsque tous les Docteurs firent à peu près les mêmes objections que leurs devanciers avoient faites contre les Antipodes. S. Augustin en niant ces Antipodes avoit dit : *Eh quoi ! ils auroient donc la tete en bas, & ils tomberoient dans le Ciel ?* Les Docteurs disoient à Copernic : Si la Terre tournoit sur elle-même, toutes ses parties se détacheroient & tomberoient dans le Ciel. Il est certain que la Terre tourne, répondoit Copernic, & que ses parties ne s'envolent pas ; il faut donc qu'une Puissance les dirige toutes vers le Centre de la Terre, & probablement, dit-il, cette propriété existe dans tous les Globes, dans le Soleil, dans la Lune, dans les Etoiles ; c'est un attribut donné à la Matiére par la divine Providence. C'est ainsi qu'il s'explique dans son premier Livre *des Révolutions célestes*, sans avoir osé, ni peut-être pû aller plus loin.

Kepler, qui suivit Copernic, & qui perfectionna l'admirable découverte du vrai Systême du Monde, aprocha un peu du Systême de la Pésanteur universelle : on voit dans son Traité de l'Étoile de Mars, des veines encore mal formées de cette Mine dont Newton a tiré son Or. Kepler admet non-seulement une tendance de tous les Corps terrestres au centre, mais aussi des Astres les uns vers les autres. Il ose entrevoir & dire, que si la Terre & la Lune n'étoient pas retenues dans leurs Orbites, elles s'aprocheroient l'une de l'autre, elles s'uniroient. Cette vérité étonnante étoit obscurcie chez lui de tant de nuages & de tant d'erreurs, qu'on a dit qu'il l'avoit devinée par instinct.

Cependant le grand Galilée parlant d'un principe plus méchanique, examinoit quelle est la chûte des Corps sur la Terre. Il trouvoit que si un Corps tombe dans le premier tems, par exemple, d'une seule toise, il parcourt trois toises dans le second tems, & que dans le troisième tems il parcourt cinq toises; & qu'ainsi, puisque 5, 3 & 1 font 9, & qu'au bout de ce troisième tems le Corps a parcouru en tout 9 toises, il se trouve que 9 étant le quarré de 3, les espaces parcourus sont toujours comme le quarré des tems.

Il s'agissoit ensuite de savoir trois choses. 1. Si les Corps tomboient également vîte sur la Terre, l'abstraction faite de la résistance de l'Air? 2. Quel espace parcouroient ces corps en effet dans une minute? 3. Si, à quelque distance que ce fût du centre de notre Globe, les chûtes seroient les mêmes? Voilà en partie ce que le Chancelier Bacon proposoit d'examiner.

Il est bien singulier que Descartes, le plus grand Géométre de son tems, ne se soit pas servi de ce fil dans le Labyrinthe qu'il s'étoit bâti lui-même. On ne trouve nulle trace de ces vérités dans ses Ouvrages: aussi n'est-il pas surprenant qu'il se soit égaré.

Il voulut créer un Univers. Il fit une Philosophie comme on fait un bon Roman: tout parut vraisemblable & rien ne fut vrai. Il imagina des Élemens, des Tourbillons, qui sembloient rendre une raison plausible de tous les Mystères de la Nature; mais en Philosophie, il faut se défier de ce qu'on croit entendre trop aisément, aussi-bien que des choses qu'on n'entend pas.

La Pésanteur, la chûte accellérée des **Corps** sur la Terre, la révolution des Planettes dans leurs Orbites, leurs rogations autour de leur axe, tout cela n'est que du mouvement. Or, *disoit Descartes*, le mouvement ne peut être conçu que par impulsion; donc tous ces Corps font poussés. Mais par quoi le font-ils ? Tout l'espace est plein, donc il est rempli d'une matière très-subtile, puisque nous ne l'apercevons pas ; donc cette matière va d'Occident en Orient, puisque c'est d'Occident en Orient que toutes les Planettes sont entraînées. Ainsi de supositions en supositions, & de vraisemblances en vraisemblances, on a imaginé un vaste Tourbillon de Matière subtile, dans lequel les Planettes sont entraînées autour du Soleil: on a créé encore un autre Tourbillon particulier qui nage dans le grand, & qui tourne journellement autour de la Planette. Quand tout cela est fait, on prétend que la pésanteur dépend de ce mouvement journalier ; car, dit-on, la Matière subtile qui tourne autour de notre petit Tourbillon, doit avoir incomparablement plus de force centrifuge, & repousser par conséquent tous les Corps vers la Terre. Voilà la cause de la pésanteur dans le Système Cartésien.

Mr Newton semble anéantir sans ressource tous ces Tourbillons grands & petits, & celui qui emporte les Planetes autour du Soleil, & celui qui fait tourner chaque Planete sur elle-même.

Premiérement, à l'égard du prétendu petit Tourbillon de la Terre, il est prouvé qu'il doit perdre petit à petit son mouvement ; il est prouvé que si la Terre nage dans un fluide, ce fluide doit être de la même densité que la Terre ; & si ce fluide est de la même densité, tous les corps que nous remuons, doivent éprouver une résistance extrême. De plus, tout solide, mû dans un fluide aussi dense que lui, perd toute sa vîtesse avant d'avoir parcouru trois de ses diamétres ; & cela seul détruit sans ressource tout Tourbillon.

2. A l'égard des grands Tourbillons, ils

sont encore plus chimériques ; il est impossible de les accorder avec les regles de Kepler dont la vérité est démontrée. Mr Newton fait voir que la révolution du fluide, dans lequel Jupiter est suposé entraîné, n'est pas avec la révolution du fluide de la Terre, comme la révolution de Jupiter est avec celle de la Terre. Il prouve que les Planétes faisant leurs révolutions dans des Ellipses, & par conséquent étant bien plus éloignées les unes des autres dans leurs Aphélies, & un peu plus proches dans leurs Périhélies, la Terre, par exemple, devroit aller plus vîte, quand elle est plus près de Venus & de Mars, puisque le fluide qui l'emporte étant alors plus pressé, doit avoir plus de mouvement ; & cependant c'est alors même que le mouvement de la Terre est plus ralenti.

Il prouve qu'il n'y a point de matiére céleste qui aille d'Occident en Orient, puisque les Cometes traversent ces espaces, tantôt de l'Orient à l'Occident, tantôt du Septentrion au Midi.

Enfin, pour mieux trancher encore, s'il est possible, toute difficulté, il prouve, & même par des expériences, que le Plein est impossible, & il nous ramene le Vuide qu'Aristoté & Descartes avoient banni du Monde.

Ayant par toutes ces raisons, & par beaucoup d'autres encore, renversé les Tourbillons du Cartésianisme, il desespéroit de pouvoir connoître jamais s'il y a un principe secret dans la Nature qui cause à la fois le mouvement de tous les Corps célestes, & qui fait la pésanteur sur la Terre. S'étant rétiré en 1666. à cause de la peste, à la campagne près de Cambridge, un jour qu'il se promenoit dans son Jardin, & qu'il voyoit des fruits tomber d'un Arbre, il se laissa aller à une méditation profonde fur cette Péfanteur, dont tous les Philofophes ont cherché fi long-tems la caufe en vain, & dans laquelle le vulgaire ne foupçonne pas même de myftére; il fe dit à lui-même, de quelque hauteur dans notre Hémifphére que tombaffent ces corps, leur chûte feroit certainement dans la progreffion découverte par Galilée, & les efpaces parcourus par eux feroient comme les quarrés des tems. Ce pouvoir qui fait defcendre les corps graves, eft le même, fans aucune diminution fenfible, à quelque profondeur qu'on foit dans la Terre, & fur la plus haute Montagne; pourquoi ce pouvoir ne s'étendroit-il pas jufqu'à la Lune? Et s'il eft vrai qu'il pénétre jufques-là, n'y a-t'il pas grande aparence que ce pouvoir la retient dans fon Orbite, & détermine fon mouvement? Mais fi la Lune obéit à ce principe, tel qu'il foit, n'eft-il pas encore très-raifonnable de croire que les autres Planetes y font également foumifes? Si ce pouvoir exifte, ce qui eft prouvé d'ailleurs, il doit augmenter en raifon renverfée des quarrés des diftances. Il n'y a donc plus qu'à examiner le chemin que feroit un corps grave en tombant fur la Terre d'une hauteur médiocre, & le chemin que feroit dans le même tems un corps qui tomberoit de l'Orbite de la Lune; pour en être inftruit, il ne s'agit plus que d'avoir la mefure de la Terre, & la diftance de la Lune à la Terre.

Voilà comment Mr Newton raifonna. Mais on n'avoit alors en Angleterre que de très-fauffes mefures de notre Globe. On s'en rapportoit à l'eftime incertaine des Pilotes, qui comptoient foixante milles d'Angleterre pour un dégré, au lieu qu'il en faloit compter près de foixante & dix. Ce faux calcul ne s'accordant pas avec les conclufions que Mr Newvton vouloit tirer, il les abandonna. Un Philoſophe médiocre & qui n'auroit eu que de la vanité, eût fait quadrer comme il eût pû la meſure de la Terre avec ſon Syſtême; Mr Nevvton aima mieux abandonner alors ſon projet. Mais depuis que Mr Picart eut meſuré la Terre exactement, en traçant cette Méridienne qui fait tant d'honneur à la France, Mr Nevvton reprit ſes premiéres idées, & il trouva ſon compte avec le calcul de Mr Picart.

C'eſt une choſe qui me paroît toujours admirable, qu'on ait découvert de ſi ſublimes vérités avec l'aide d'un quart de Cercle, & d'un peu d'Arithmétique.

La circonférence de la Terre eſt de cent vingt-trois millions, deux cens quarante-neuf mille ſix cens pieds; de cela ſeul peut ſuivre le Syſtême de l'Attraction.

Dès qu'on connoît la circonférence de la Terre, on connoît celle de l'Orbite de la Lune, & le diamétre de cet Orbite. La révolution de la Lune dans cet Orbite ſe fait en vingt-ſept jours, ſept heures, quarante-trois minutes; donc il eſt démontré que la Lune dans ſon mouvement moyen, parcourt cent quatre-vingt-ſept mille neuf cens ſoixante pieds de Paris par minute. Et par un Théoréme connu, il eſt démontré que la force centrale qui feroit tomber un corps de la hauteur de la Lune, ne le feroit tomber que de quinze pieds de Paris dans la premiére minute. Maintenant ſi la régle par laquelle les corps péſent, gravitent, s'attirent en raiſon inverſe des quarrés des diſtances, eſt vraye, ſi c'eſt le même pouvoir qui agit ſuivant cette régle dans toute la Nature, il eſt évident que la Terre étant éloignée de la Lune de ſoixante demi-diamétres, un corps grave doit tomber sur la Terre de quinze pieds dans la premiére seconde, & de cinquante-quatre mille pieds dans la premiére minute.

Or est-il qu'un corps grave tombe en effet de quinze pieds dans la premiére seconde, & parcourt dans la premiére minute cinquante-quatre mille pieds, lequel nombre est le quarré de soixante multiplié par quinze. Donc les corps pésent en raison inverse des quarrés des distances ; donc le même pouvoir fait la pésanteur sur la Terre, & retient la Lune dans son Orbite, étant démontré que la Lune pése sur la Terre, qui est le centre de son mouvement particulier. Il est démontré d'ailleurs que la Terre & la Lune pésent sur le Soleil qui est le centre de leur mouvement annuel.

Les autres Planetes doivent être soumises à cette loi générale, & si cette loi existe, ces Planetes doivent suivre les régles trouvées par Kepler. Toutes ces régles, tous ces raports, sont en effet gardés par les Planetes avec la derniére exactitude. Donc le pouvoir de la gravitation fait péser toutes les Planetes vers le Soleil, de même que notre Globe.

Enfin, la réaction de tout corps étant proportionelle à l'action, il demeure certain que la Terre pése à son tour sur la Lune, & que le Soleil pése sur l'une & sur l'autre : que chacun des Satellites de Saturne pése sur les quatre, & les quatre sur lui ; tous cinq sur Saturne, Saturne sur tous : qu'il en est ainsi de Jupiter ; & que tous ces Globes sont attirés par le Soleil réciproquement attiré par eux.

Ce pouvoir de gravitation agit à proportion de la matiére que renferment les corps. C'est une vérité que Mr Newton a démontrée par des expériences. Cette nouvelle découverte a servi à faire voir que le Soleil, centre de toutes les Planetes, les attire toutes en raison directe de leurs masses combinées avec leur éloignement. De-là s'élevant par degrés jusqu'à des connoissances qui sembloient n'être pas faites pour l'esprit humain, il ose calculer combien de matière contient le Soleil, & combien il s'en trouve dans chaque Planete.

Son seul principe des loix de la gravitation rend raison de toutes les inégalités aparentes dans le cours des Globes célestes. Les variations de la Lune deviennent une suite nécessaire de ces loix. Le flux & le reflux de la Mer est encore un effet très-simple de cette attraction. La proximité de la Lune dans son plein, & quand elle est nouvelle, & son éloignement dans ses quartiers combinés avec l'action du Soleil, rendent une raison sensible de l'élévation & de l'abaissement de l'Océan.

Après avoir rendu compte par sa sublime Théorie du cours & des inégalités des Planetes, il assujetit les Cometes au frein de la même loi.

Il prouve que ce sont des corps solides qui se meuvent dans la sphére de l'action du Soleil, & décrivent une éclipse si excentrique & si aprochante de la parabole, que certaines Cometes doivent mettre plus de cinq cens ans dans leur révolution.

Le savant Mr Halley croit que la Comete de 1680, est la même qui parut du tems de Jules César. Celle-là sur-tout sert plus qu'une autre à faire voir que les Cometes sont des corps durs & opaques ; car elle descendit si près du Soleil, qu'elle n'en étoit éloignée que d'une sixième partie de son disque ; elle put par conséquent aquérir un degré de chaleur deux mille fois plus violent que celui du fer le plus enflâmé. Elle auroit été dissoute & consommée en peu de tems, si elle n'avoit pas été un corps opaque. La mode commençoit alors de deviner le cours des Cometes. Le célébre Mathématicien Jacques Bernouilli conclut par son Systême, que cette fameuse Comete de 1680, reparoîtroit le 17 Mai 1729. Aucun Astronome de l'Europe ne se coucha cette nuit du 17 Mai, mais la fameuse Comete ne parut point. Il y a au moins plus d'adresse, s'il n'y a pas plus de sûreté, à lui donner cinq cens soixante & quinze ans pour revenir. Pour Mr Whiston, il a sérieusement affirmé que du tems du Déluge, il y avoit eu une Comete qui avoit inondé notre Globe, & il a eu l'injustice de s'tonner qu'on se soit un peu moqué de cette idée. L'Antiquité pensoit à peu près dans le goût de Mr Whiston; elle croyoit que les Cometes étoient toujours les avant-couriéres de quelque grand malheur sur la Terre. Mr Newton au contraire soupçonne qu'elles sont très-bienfaisantes, & que les fumées qui en sortent, ne servent qu'à secourir & à vivifier les Planetes, qui s'imbibent dans leur cours de toutes ces particules que le Soleil a détachées des Cometes. Ce sentiment est du moins plus probable que l'autre. Ce n'est pas tout, si cette force de gravitation, d'attraction, agit dans tous les Globes célestes; elle agit sans doute sur toutes les parties de ces Globes. Car si les corps s'attirent en raison de leurs masses, ce ne peut être qu'en raison de la quantité de leurs parties, & si ce pouvoir est logé dans le tout, il l'est sans doute dans la moitié, il l'est dans le quart, dans la huitiéme partie, ainsi jusqu'à l'infini.

Ainsi voilà l'attraction qui est le grand ressort qui fait mouvoir toute la Nature. Mr Nevvton avoit bien prévû, après avoir démontré l'existence de ce principe, qu'on se révolteroit contre son seul nom ; dans plus d'un endroit de son Livre il précautionne son Lecteur contre ce nom même. Il l'avertit de ne le pas confondre avec les qualités occultes des Anciens, & de se contenter de connoître qu'il y a dans tous les corps une force centrale qui agit d'un bout de l'Univers à l'autre, sur les corps les plus proches, & sur les plus éloignés, suivant les Loix immuables de la Méchanique.

Il est étonnant qu'après les protestations solemnelles de ce grand homme, Mr Saurin & Mr de Fontenelle lui ayent reproché nettement les chimères du Péripatétisme : Mr. Saurin dans les Mémoires de l'Académie de 1709. & Mr de Fontenelle dans l'Eloge même de Mr Newton.

Presque tous les Français, Savans & autres, ont répété ce reproche. On entend dire par-tout, pourquoi Mr Newton ne s'est-il pas servi du mot d'Impulsion que l'on comprend si bien, plutôt que du terme d'Attraction qu'on ne comprend pas ?

Mr Newton auroit pû répondre à ces Critiques : Premièrement, vous n'entendez pas plus le mot d'Impulsion que celui d'Attraction ; & si vous ne concevez pas pourquoi un corps tend vers le centre d'un autre corps, vous n'imaginez pas plus par quelle vertu un corps en peut pousser un autre.

Secondement, je n'ai pû admettre l'impulsion, car il faudroit pour cela que j'eusse connu qu'une Matière céleste pousse en effet les Planetes ; or, non-seulement je ne connois point cette matière, mais j'ai prouvé qu'elle n'existe pas.

Troisièmement, je ne me sers du mot d'Attraction que pour exprimer en effet que j'ai découvert dans la Nature, effet certain & indisputable d'un principe inconnu, qualité inhérente dans la Matière, dont de plus habiles que moi trouveront, s'ils peuvent, la cause.

Que nous avez-vous donc apris, insiste-t'on encore ? & pourquoi tant de calculs, pour nous dire ce que vous-même ne comprenez pas ?

Je vous ai apris (pourroit continuer Mr Nevvton) que la méchanique des forces centrales font seules mouvoir les Planetes & les Cometes dans des proportions marquées. Je suis, continueroit-il, dans un cas bien différent des Anciens ; ils voyoient, par exemple, l'eau monter dans les pompes, & ils disoient l'eau monte, parce qu'elle a horreur du vuide. Mais moi, je suis dans le cas de celui qui auroit remarqué le premier que l'eau monte dans les pompes, & qui laisseroit à d'autres le soin d'expliquer la cause de cet effet. L'Anatomiste qui a dit le premier que le bras se remue, parce que les muscles se contractent, enseigna aux hommes une vérité incontestable ; lui en aura-t'on moins d'obligation, parce qu'il n'a pas su pourquoi les muscles se contractent ? La cause du ressort de l'air est inconnue, mais celui qui a découvert ce ressort, a rendu un grand service à la Physique. Le ressort que j'ai découvert étoit plus caché & plus universel ; ainsi on doit m'en savoir plus de gré. J'ai découvert une nouvelle propriété de la Matière, un des secrets du Créateur, j'en ai calculé, j'en ai démontré les effets, peut-on me chicanner sur le nom que je lui donne ?

Ce sont les Tourbillons qu'on peut apeller une qualité occulte, puisqu'on n'a jamais prouvé leur existence : l'Attraction au contraire est une chose réelle, puisqu'on en démontre les effets, & qu'on en calcule les proportions. La cause de cette cause est dans le sein de Dieu.

Procedes huc, & non ibis amplius.

SUR L'OPTIQUE DE Mr. NEWTON.

CHAPITRE XVIII.

UN nouvel Univers a été découvert par les Philosophes du dernier Siècle, & ce Monde nouveau étoit d'autant plus difficile à connoître, qu'on ne se doutoit pas même qu'il existât. Il sembloit aux plus sages que c'étoit une témérité insensée d'oser seulement songer qu'on pût deviner par quelles loix les Corps célestes se meuvent, & comment la Lumière agit. Galilée par ses découvertes astronomiques, Kepler par ses calculs, Descartes au moins en partie dans sa Dioptrique, & Newton dans tous ses Ouvrages, ont vû la méchanique des ressorts du Monde. Dans la Géométrie on a assujetti l'infini au calcul, la circulation du sang dans les Animaux & de la fève dans les Végétables ont changé pour nous la Nature. Une nouvelle manière d'exister a été donnée au corps dans la Machine pneumatique. Les objets se sont raprochés de nos yeux à l'aide des Télescopes. Enfin, ce que Mr Newton a découvert sur la Lumière, est digne de tout ce que la curiosité des hommes pouvoit attendre de plus hardi, après tant de nouveautés.

Jusqu'à Antonio de Dominis, l'Arc-en-ciel

avoit paru un miracle inexplicable. Ce Philosophe devina & expliqua que c'étoit un effet nécessaire de la pluye & du Soleil. Descartes rendit son nom immortel par un exposé encore plus mathématique de ce Phénoméne si naturel; il calcula les réflexions & les réfractions de la lumiére dans les goutes de pluye, & cette sagacité eut alors quelque chose de divin.

Mais qu'auroit-il dit, si on lui avoit fait connoître qu'il se trompoit sur la nature de la lumiére, qu'il n'avoit aucune raison d'assûrer que c'étoit un corps globuleux, s'étendant par tout l'Univers, qui n'attend pour être mis en action que d'être poussé par le Soleil, ainsi qu'un long bâton qui agit à un bout, quand il est pressé par l'autre; qu'il est tres-vrai qu'elle est dardée par le Soleil, & qu'enfin la lumiére est transmise du Soleil à la Terre en près de sept minutes, quoiqu'un boulet de canon conservant toujours sa vîtesse, ne puisse faire ce chemin qu'en vingt-cinq années ? Quel eût été son étonnement si on lui eût dit : Il est faux que la lumiére se réfléchisse régulierement en rebondissant sur les corps solides : Il est faux que les corps soient transparens, quand ils ont des pores larges; & il viendra un homme qui démontrera ces paradoxes, & qui anatomisera un seul raïon de lumiére avec plus de dextérité, que le plus habile Artiste ne dissèque le corps humain !

Cet homme est venu. Mr Newton avec le seul secours du Prisme a démontré aux yeux, que la lumiére est un amas de raïons colorés, qui tous ensemble donnent la couleur blanche; un seul raïon est divisé par lui en sept raïons, qui viennent tous se placer, sur un linge ou sur un papier blanc, dans leur ordre, l'un au-dessus de l'autre & à d'inégales distances.

Le premier est couleur de feu, le second citron, le troisiéme jaune, le quatriéme vert, le cinquiéme bleu, le sixiéme indigo, le septiéme violet. Chacun de ces raïons tamisé ensuite par cent autres prismes ne changera jamais la couleur qu'il porte, de même qu'un or épuré ne s'altére plus dans les creusets ; & pour surabondance de preuve que chacun de ces raïons élémentaires porte en soi ce qui fait sa couleur à nos yeux, prenez un petit morceau de bois jaune, par exemple, & exposez le au raïon couleur de feu, & le bois se teint à l'instant en couleur de feu ; exposez-le au raïon vert, il prend la couleur verte, & ainsi du reste.

Quelle est donc la cause des couleurs dans la Nature ? Rien autre chose que la disposition des corps à réfléchir les raïons d'un certain ordre, & à absorber tous les autres.

Quelle est donc cette secrette disposition ? Il démontre que c'est uniquement l'épaisseur des petites parties constituantes dont un corps est composé. Et comment se fait cette réflexion ? On pensoit que c'étoit parce que les raïons rebondissoient comme une balle sur la surface d'un corps solide. Point du tout. Mr Newton a apris aux Philosophes étonnés, que la lumiére se réfléchit, non des surfaces mêmes, mais sans toucher aux surfaces ; qu'elle rejaillit du sein des pores ; & enfin du vuide même. Il leur a apris que les corps sont opaques en partie, parce que leurs pores sont larges, que plus les pores d'un corps sont petits, plus le corps est transparent ; ainsi le papier qui réfléchit la lumiere quand il est sec, la transmet quand il est huilé, parce que l'huile remplissant ses pores, les rend beaucoup plus petits.

C'est-là qu'examinant l'extrême porosité des corps, chaque partie ayant ses pores, & chaque partie de ses parties ayant les siens, il fait voir qu'on n'est point assuré qu'il y ait un pouce cubique de Matiére solide dans l'Univers ; tant notre esprit est éloigné de concevoir ce que c'est que la Matiére. Ayant ainsi décomposé la lumière, & ayant porté la sagacité de ses découvertes jusqu'à démontrer le moyen de connoître la couleur composée par les couleurs primitives, il fait voir que ces raïons élémentaires, séparés par le moyen du prisme, ne sont arrangés dans leur ordre, que parce qu'ils sont réfractés en cet ordre même ; & c'est cette proprieté inconnue jusqu'à lui de se rompre dans cette proportion, c'est cette réfraction inégale des rayons, ce pouvoir de réfracter le rouge moins que la couleur orangée, &c. qu'il nomme réfrangibilité. Les rayons les plus réfléxibles sont les plus réfrangibles, de-là il fait voir que le même pouvoir cause la réfléxion & la réfraction de la lumiére.

Tant de merveilles ne sont que le commencement de ses découvertes ; il a trouvé le secret de voir les vibrations & les secousses de lumiére qui vont & viennent sans fin, & qui transmettent la lumiére ou la réfléchissent selon l'épaisseur des parties qu'elles rencontrent. Il a osé calculer l'épaisseur des particules d'air nécessaire entre deux verres posés l'un sur l'autre, l'un plat, l'autre convexe d'un côté, pour opérer telle transmission ou réfléxion, & pour faire telle ou telle couleur.

De toutes ces combinaisons, il trouve en quelle proportion la lumiére agit sur les corps, & les corps agissent sur elle.

Il a si bien vû la lumiere, qu'il a déterminé a quel point l'art de l'augmenter, & d'aider nos yeux par des Télescopes, doit se borner.

Descartes, par une noble confiance bien

pardonnable à l'ardeur que lui donnoient les commencemens d'un Art presque découvert par lui, espéroit voir dans les Astres avec des Lunettes d'aproche, des objets aussi petits que ceux qu'on discerne sur la Terre.

Newton a montré qu'on ne peut plus perfectionner les Lunettes à cause de cette réfraction & de cette réfrangibilité même, qui en nous raprochant les objets, écartent trop les rayons élementaires ; il a calculé dans ces verres la proportion de l'écartement des rayons rouges & des rayons bleus, & portant la démonstration dans des choses dont on ne soupçonnoît pas même l'existence, il examine les inégalités que produit la figure du verre, & celle que fait la réfrangibilité. Il trouve que le verre objectif de la Lunette étant convexe d'un côté, & plat de l'autre, si le côté plat est tourné vers l'objet, le défaut qui vient de la construction & de la position du verre, est cinq mille fois moindre que le défaut qui vient par la réfrangibilité ; & qu'ainsi ce n'est pas la figure des verres qui fait qu'on ne peut perfectionner les Lunettes d'aproche, mais qu'il faut s'en prendre à la nature même de la lumiere.

Voilà pourquoi il inventa un Télescope qui montre les objets par réflexion, & non point par réfraction.

Il étoit encore peu connu en Europe quand il fit cette Découverte. J'ai vû un petit Livre composé environ ce tems-là, dans lequel en parlant du Télescope de Newton, on le prend pour un Lunetier : *Artifex quidam Anglus nomine Newton.* La Renommmée l'a bien vengé depuis.

HISTOIRE DE L'INFINI.

CHAPITRE XIX.

LEs premiers Géométres se sont aperçûs, sans doute, dès l'onziéme ou douziéme proposition, que s'ils marchoient sans s'égarer, ils étoient sur le bord d'un abîme, & que les petites vérités incontestables qu'ils trouvoient, étoient entourées de l'Infini. On l'entrevoyoit, dès qu'on songeoit qu'un côté d'un quarré ne peut jamais mesurer la diagonale, ou que des circonférences de Cercles différens passeront toujours entre un Cercle & sa tangente, &c. Quiconque cherchoit seulement la racine du nombre 6. voyoit bien que c'étoit un nombre entre deux & trois; mais quelque division qu'il pût faire, cette racine dont il aprochoit toujours ne se trouvoit jamais. Si l'on considéroit une ligne droite coupant une autre ligne droite perpendiculairement, on les voyoit se couper en un point indivisible; mais si elles se coupoient obliquement, on étoit forcé, ou d'admettre un point plus grand qu'un autre; ou de ne rien comprendre dans la nature des points & dans le commencement de toute grandeur.

La seule inspection d'un Cone droit étonnoit l'esprit; car sa base qui est un Cercle, contient un nombre infini de lignes. Son sommet est quelque chose qui différe infiniment de la ligne. Si on coupoit ce Cone parallelement à son axe, on trouvoit une figure qui s'aprochoit toujours de plus en plus des côtés du triangle formé par le Cone, sans jamais le rencontrer. L'Infini étoit par-tout : comment connoître l'air d'un Cercle ? comment celle d'une courbe quelconque.

Avant Apollonius, le Cercle n'avoit été étudié que comme mesure des angles, & comme pouvant donner certaines moyennes proportionelles. Ce qui prouve en passant que les Egyptiens, qui avoient enseigné la Géométrie aux Grecs, avoient été de très-médiocres Géometres, quoiqu'assez bons Astronomes. Apollonius entra dans le détail des Sections coniques. Archiméde considéra le Cercle comme une figure d'une infinité de côtés, & donna le raport du Diametre à la circonférence, tel que l'Esprit humain peut le donner. Il quarra la parabole ; Hypocrate de Chio quarra les lunules du Cercle.

La duplication du cube, la trisection de l'angle, inabordables à la Géométrie ordinaire, & la quadrature du Cercle impossible à toute Géométrie, furent l'inutile objet des recherches des Anciens. Ils trouverent quelques secrets sur leur route, comme les Chercheurs de la Pierre Philosophale. On connoît la Cissoïde de Dioclès, qui aproche de sa directrice sans jamais l'atteindre, la Concoïde de Nicomède qui est dans le même cas, la Spirale d'Archimède. Tout cela fut trouvé sans Algèbre, sans ce calcul qui aide si fort l'Esprit humain, & qui semble le conduire sans l'éclairer.

Que deux Arithméticiens, par exemple, ayent un compte à faire, que le premier le fasse de tête, voyant toujours ses nombres présens à son esprit : & que l'autre opére sur le papier par une regle de routine, mais sûre, dans laquelle il ne voit jamais la vérité qu'il cherche qu'après le résultat, & comme un homme qui y est arrivé les yeux fermés ; voilà à peu près la différence qui est entre un Géomètre sans calcul, qui considére des figures & voit leurs raports, & un Algébriste qui cherche ces raports, par des opérations qui ne parlent point à l'esprit. Mais on ne peut aller loin avec la premiere méthode : elle est peut-être réservée pour des Etres supérieurs à nous. Il nous faut des secours qui aident & qui prouvent notre foiblesse. A mesure que la Géométrie s'est étendue, il a fallu plus de ces secours.

Hariot Anglais, Viette Poitevin, & surtout le fameux Descartes, employérent les signes, les lettres. Descartes soumit les courbes à l'Algèbre, & réduisit tout en équations Algébraïques.

Du tems de Descartes, Cavalliero Religieux d'un Ordre des Jésuates, qui ne subsiste plus, donna au Public en 1635. la Géométrie des indivisibles : Géométrie toute nouvelle, dans laquelle les plans sont composés d'une infinité de lignes : & les solides d'une infinité de plans. Il est vrai qu'il n'osoit pas plus prononcer le mot d'Infini en Mathématiques, que Descartes en Physique. Ils se servoient l'un & l'autre du terme adouci d'*Indéfini* ; cependant Roberval en France avoit les mêmes idées, & il y avoit alors à Bruges un Jésuite qui marchoit à pas de Géant dans cette carriére par un chemin différent. C'étoit Grégoire de S. Vincent, qui, en prenant pour but une erreur, & croyant avoir trouvé la Quadrature du Cercle, trouva en effet des choses admirables. Il réduisit l'Infini même à des raports finis, il connut l'Infini en petit & en grand. Mais ces recherches étoient noyées dans trois *infolio* : elles manquoient de méthode, &, qui pis eſt, une erreur palpable qui terminoit le Livre, nuiſit à toutes les vérités qu'il contenoit.

On cherchoit toujours à quarrer des courbes. Deſcartes ſe ſervoit des tangentes : Fermat, Conſeiller de Touloufe, employoit ſa régle *de maximis & minimis ;* régle qui méritoit plus de juſtice que Deſcartes ne lui en rendit, Wallis Anglais en 1655. donna hardiment l'Arithmétique des infinis, des ſuites infinies en nombre.

Mylord Brounker ſe ſervit de cette ſuite pour quarrer une hyperbole. Mercator de Holſtein eut grande part à cette invention; mais il s'agiſſoit de faire ſur toutes les courbes ce que le Lord Brounker avoit ſi heureuſement tenté. On cherchoit une méthode générale d'aſſujettir l'Infini à l'Algébre, comme Deſcartes y avoit aſſujetti le Fini : c'eſt cette méthode que trouva Newton à l'âge de vingt-trois ans; auſſi admirable en cela que notre jeune Mr Cléraut ; qui à l'âge de treize ans, vient de faire imprimer un Traité de la meſure des Courbes à double courbure. La méthode de Newton a deux parties, le calcul différentiel, & le calcul intégral.

Le différentiel conſiſte à trouver une quantité plus petite qu'aucune aſſignable, laquelle priſe une infinité de fois, égale la quantité donnée ; & c'eſt ce qu'en Angleterre on apelle la méthode des fluentes ou des fluxions.

L'intégral conſiſte à prendre la ſomme totale des quantités différentielles.

Le célèbre Philoſophe Leibnitz & le profond Mathématicien Bernouilli ont tous deux révendiqué, l'un le calcul différentiel, l'autre le calcul intégral; il faut être capables d'inventer des choses si sublimes, pour oser s'en attribuer l'honneur. Pourquoi trois grands Mathématiciens cherchant tous la vérité ne l'auront-ils pas trouvée ? Torricelli, la Loubére, Descartes, Roberval, Pascal, n'ont-ils pas tous démontré, chacun de leur côté, les propriétés de la Cicloïde, nommée alors la Roulette ? N'a-t'on pas vû souvent des Orateurs, traitant le même sujet, employer les mêmes pensées sous des termes différens ? Les signes dont Newton & Leibnitz se servoient étoient différens, & les pensées étoient les mêmes.

Quoi qu'il en soit, l'Infini commença alors à être traité par le calcul. On s'accoutuma insensiblement à recevoir des infinis plus grands les uns que les autres. Cet Edifice si hardi effraya un des Architectes. Leibnitz n'osa apeller ces Infinis que des incomparables ; mais Mr de Fontenelles vient enfin d'établir ces différens ordres d'Infinis sans aucun ménagement, & il faut qu'il ait été bien sûr de son fait pour l'avoir osé.

DE LA CHRONOLOGIE
DE NEWTON,

Qui fait le Monde moins vieux de 500 ans.

CHAPITRE XX.

IL me reste à vous parler d'un autre Ouvrage plus à la portée du Genre Humain, mais qui se sent toujours de cet esprit créateur que

Mr Newton portoit dans toutes ses recherches. C'est une Chronologie toute nouvelle ; car dans tout ce qu'il entreprenoit, il falloit qu'il changeât les idées reçûes par les autres hommes.

Accoutumé à débrouiller des cahos, il a voulu porter au moins quelque lumiére dans celui des Fables anciennes confondues avec l'Histoire, & fixer une Chronologie incertaine. Il est vrai qu'il n'y a point de famille, de Ville, de Nation, qui ne cherche à reculer son origine. De plus, les premiers Historiens sont les plus négligens à marquer les dates. Les Livres étoient moins communs mille fois qu'aujourd'hui ; par conséquent étant moins exposés à la critique, on trompoit le monde plus impunément ; & puisqu'on a évidemment suposé des faits, il est assez probable qu'on a aussi suposé des dates.

En général, il parut à Mr Newton que le Monde étoit de cinq cens ans plus jeune que les Chronologistes ne le disent. Il fonde son idée sur le cours ordinaire de la Nature, & sur les Observations astronomiques.

On entend ici par le cours de la Nature, le tems de chaque génération des hommes. Les Egyptiens s'étoient servis les premiers de cette maniére incertaine de compter, quand ils voulurent écrire les commencemens de leur Histoire. Ils comptoient 341 générations depuis Menès jusqu'à Sethon ; & n'ayant pas de dates fixes, ils évaluérent trois générations à 100 ans. Ainsi ils comptérent du régne de Menès au régne de Sethon 11340 années.

Les Grecs, avant de compter par Olympiades, suivirent la méthode des Egyptiens, & étendirent un peu la durée des générations, poussant chaque génération jusqu'à quarante années.

Or en cela les Egyptiens & les Grecs se trompérent dans leur calcul. Il est bien vrai que, selon le cours ordinaire de la Nature, trois générations font environ cent à six vingt ans; mais il s'en faut bien que trois régnes tiennent ce nombre d'années. Il est très-évident, qu'en général les hommes vivent plus longtems que les Rois ne régnent. Ainsi un homme qui voudra écrire l'Histoire, sans avoir des dates précises, & qui saura qu'il y a eu neuf Rois chez une Nation, aura grand tort s'il compte 300 ans pour ces neuf Rois. Chaque génération est d'environ 30 ans, chaque régne est d'environ vingt, l'un portant l'autre. Prenez les 30 Rois d'Angleterre depuis Guillaume le Conquérant jusqu'à George I. ils ont régné 648 ans, ce qui, reparti sur les 30 Rois, donne à chacun 21 ans & demi de régne. Soixante-trois Rois de France ont régné, l'un portant l'autre, chacun à peu près vingt ans. Voilà le cours ordinaire de la Nature. Donc les Anciens se sont trompés, quand ils ont égalé en général la durée des régnes à la durée des générations; donc ils ont trop compté; donc il est à propos de retrancher un peu de leur calcul.

Les observations astronomiques semblent prêter encore un plus grand secours à notre Philosophe. Il paroît plus fort en combattant sur son terrain.

Vous savez que la Terre, outre son mouvement annuel qui l'emporte autour du Soleil d'Occident en Orient dans l'espace d'une année, a encore une révolution singuliére tout-à-fait inconnue jusqu'à ces derniers tems. Ses poles ont un mouvement très-lent de rétrogradation d'Orient en Occident, qui fait que chaque jour leur position ne répond pas précisément au même point du Ciel. Cette différence infenfible en une année, devient affez forte avec le tems ; & au bout de 72 ans, on trouve que la différence eft d'un dégré, c'eft-à-dire, de la 360 partie de tout le Ciel. Ainfi aprés 72 années le Colure de l'Equinoxe du Printems qui paffoit par une Fixe, répond à une autre Fixe. De là vient que le Soleil, au lieu d'être dans la partie du Ciel où étoit le Belier du tems d'Hipparque, fe trouve répondre à cette partie du Ciel où étoit le Taureau ; & que les Gemeaux font à la place où le Taureau étoit alors. Tous les Signes ont changé de place ; cependant nous retenons toujours de la maniére de parler des Anciens. Nous difons que le Soleil eft dans le Belier au Printems, par la même condefcendance que nous difons que le Soleil tourne.

Hipparque fut le premier chez les Grecs, qui s'aperçut de quelque changement dans les Conftellations, par raport aux Equinoxes, ou plutôt qui l'aprit des Egyptiens. Les Philofophes attribuerent ce mouvement aux Etoiles ; car alors on étoit bien loin d'imaginer une telle révolution dans la Terre. On la croyoit dans tous fens immobile. Ils créérent donc un Ciel où ils attachérent toutes les Etoiles, & donnérent à ce Ciel un mouvement particulier qui le faifoit avancer vers l'Orient, pendant que toutes les Etoiles fembloient faire leur route journaliere d'Orient en Occident. A cette erreur ils en ajoutérent une feconde bien plus effentielle. Ils crurent que le Ciel prétendu des Etoiles fixes avançoit d'un degré vers l'Orient en cent années. Ainfi ils fe trompérent dans leur calcul aftronomique, auffi-bien que dans leur Syftême phyfique. Par exemple, un Aftronome auroit dit alors, l'Equinoxe du Printems a été du tems d'un tel Obfervateur dans un tel Signe à une telle Etoile. Il a fait
deux

deux degrés de chemin depuis cet Observateur jusqu'à nous : or deux degrés valent 200 ans ; donc cet Observateur vivoit 200 ans avant moi. Il est certain qu'un Astronome qui auroit raisonné ainsi, se seroit trompé justement de cinquante-quatre ans. Voilà pourquoi les Anciens doublement trompés, composérent leur grande Année du Monde, c'est-à-dire, de la révolution de tout le Ciel d'environ 36000 ans. Mais les Modernes savent que cette révolution imaginaire du Ciel, des Etoiles, n'est autre chose que la révolution des poles de la Terre qui se fait en 25900 ans. Il est bon de remarquer ici en passant, que Mr. Newton, en déterminant la figure de la Terre, a très-heureusement expliqué la raison de cette révolution.

Tout ceci posé, il reste pour fixer la Chronologie, de voir par quelle Etoile le Colure des Equinoxes coupe aujourd'hui l'Ecliptique au Printems, & de savoir s'il ne se trouve point quelque Ancien qui nous ait dit en quel point l'Ecliptique étoit coupé de son tems, par le même Colure des Equinoxes.

Clément Aléxandrin raporte que Chiron, qui étoit de l'Expédition des Argonautes, observa les Constellations au tems de cette fameuse Expédition, & fixa l'Equinoxe du Printems au milieu du Belier, l'Equinoxe d'Automne au milieu de la Balance, le Solstice de notre Eté au milieu du Cancre, & le Solstice d'Hiver au milieu du Capricorne.

Long-tems après l'Expédition des Argonautes, & un an avant la guerre du Péloponnèse, Meton observa que le point du Solstice d'Eté passoit par le sixiéme degré du Cancre.

Or chaque Signe du Zodiaque est de 30 degrés. Du tems de Chiron, le Solstice étoit à la moitié du Signe, c'est-à-dire, au quinziéme degré ; un an avant **la Guerre du Péloponné-**

se, il étoit au huitiéme ; donc il avoit retardé de sept degrés (un degré vaut 72 ans), donc du commencement de la Guerre du Péloponnèse, à l'entreprise des Argonautes, il n'y a que sept fois 72 ans, qui font 504 ans, & non pas 700 années, comme le disoient les Grecs. Ainsi en comparant l'état du Ciel d'aujourd'hui à l'état où il étoit alors, nous voyons que l'Expédition des Argonautes doit être placée 209 ans avant Jesus-Christ, & non pas environ 1400 ans ; & que par conséquent, le Monde est moins vieux d'environ 500 ans qu'on ne pensoit. Par-là toutes les Epoques sont raprochées, & tout est fait plus tard qu'on ne le dit. Je ne sai si ce Systême ingénieux fera une grande fortune, & si l'on voudra se résoudre sur ces idées à reformer la Chronologie du Monde. Peut-être les Savan trouveroient-ils que c'en seroit trop, d'accorder à un même homme l'honneur d'avoir perfectionné à la fois la Phisique, la Géométrie, & l'Histoire ; ce seroit une espéce de Monarchie universelle dont l'amour propre s'accommode mal-aisément. Aussi dans le tems que de très-grands Philosophes l'attaquoient sur l'Attraction, d'autres combattoient son Systême Chronologique. Le tems qui devroit faire voir à qui la victoire est dûe, ne fera peut-être que laisser la dispute indécise.

Il est bon, avant de quitter Newton, d'avertir que l'Infini, l'Attraction & le Cahos de la Chronologie, ne sont pas les seuls abîmes où il ait fouillé. Il s'est avisé de commenter l'Apocalypse. Il y trouve que le Pape est l'Antechrist, & il explique ce Livre incompréhensible à peu près comme tous ceux qui s'en sont mêlés. Aparemment qu'il a voulu par ce Commentaire consoler la race humaine de la supériorité qu'il a sur elle.

DE LA TRAGÉDIE.

CHAPITRE XXI.

LEs Anglais avoient déja un Théatre aussi-bien que les Espagnols, quand les Français n'avoient encore que des trétaux. Shakespear, qui passoit pour le Corneille des Anglais, fleurissoit à peu près dans le tems de Lopez de Vega; il créa le Théatre, il avoit un génie plein de force & de fécondité, de naturel & de sublime, sans la moindre étincelle de bon goût, & sans la moindre connoissance des régles. Je vais vous dire une chose hazardée, mais vraie, c'est que le mérite de cet Auteur a perdu le Théatre Anglais; il y a de si belles Scènes, des morceaux si grands & si terribles répandus dans ses Farces monstrueuses qu'on appelle Tragédies, que ces Piéces ont toujours été jouées avec un grand succès. Le tems, qui seul fait la réputation des hommes, rend à la fin leurs défauts respectables. La plûpart des idées bizarres & gigantesques de cet Auteur ont acquis, au bout de 150 ans, le droit de passer pour sublimes. Les Auteurs modernes l'ont presque tous copié. Mais ce qui réussissoit en Shakespear, est sifflé chez eux, & vous croyez bien que la vénération qu'on a pour cet Ancien, augmente à mesure que l'on méprise les Modernes. On ne fait pas refléxion qu'il ne faudroit pas l'imiter, & le mauvais succès des Copistes fait seulement qu'on le croit inimitable. Vous savez que dans la Tragédie du More de Venise, Piéce très-touchante, un mari étrangle sa femme sur le Théatre, & que quand la pauvre femme est étranglée, elle s'écrie qu'elle meurt très-injustement. Vous n'ignorez pas que dans Hamlet, des Fossoyeurs creusent une fosse en buvant, en chantant des Vaudevilles, & en faisant sur les têtes des morts qu'ils rencontrent, des plaisanteries convenables à gens de leur métier; mais ce qui vous surprendra, c'est qu'on a imité ces sottises. Sous le régne de Charles II. qui étoit celui de la politesse, & l'âge des Beaux-Arts, Otwai, dans sa Venise sauvée, introduit le Sénateur Antonio & la Courtisanne Naki au milieu des horreurs de la Conspiration du Marquis de Bedemar. Le vieux Sénateur Antonio fait auprès de sa Courtisanne toutes les singeries d'un vieux débauché impuissant & hors du bon sens. Il contrefait le Taureau & le Chien, il mord les jambes de sa Maîtresse qui lui donne des coups de pieds & des coups de fouet. On a retranché de la Piéce d'Otway ces bouffonneries faites pour la plus vile canaille; mais on a laissé dans le Jules César de Shakespear les plaisanteries des Cordonniers & des Savetiers Romains, introduits sur la Scéne avec Cassius & Brutus. Vous vous plaindrez sans doute que ceux qui jusqu'à présent vous ont parlé du Théatre Anglais, & sur-tout de ce fameux Shakespear, ne vous ayent encore fait voir que ses erreurs, & que personne n'ait traduit aucun de ces endroits frapans qui demandent grace pour toutes ses fautes. Je vous répondrai qu'il est bien aisé de raporter en prose les sottises d'un Poëte, mais très-difficile de traduire ses beaux Vers. Tous les Grimauds qui s'érigent en Critiques des Ecrivains célèbres, compilent des Volumes. J'aimerois mieux deux pages qui nous fissent connoître quelque beauté ; car je maintiendrai toujours avec tous les gens de bon goût, qu'il y a plus à profiter dans douze vers d'Homére & de Virgile, que dans toutes les Critiques qu'on a faites de ces deux grands Hommes.

J'ai hazardé de traduire quelques morceaux des meilleurs Poëtes Anglais, en voici un de Shakefpear. Faites grace à la copie en faveur de l'Original, & souvenez-vous toujours quand vous voyez une traduction, que vous ne voyez qu'une foible Estampe d'un beau Tableau. J'ai choisi le Monologue de la Tragédie de Hamlet qui est sû de tout le monde, & qui commence par ces vers :

To be, or not to be ! that is the Question ! &c.

C'est Hamlet, Prince de Dannemarck, qui parle.

Demeure, il faut choisir & passer à l'instant
De la vie à la mort, ou de l'être au néant.
Dieux cruels, s'il en est, éclairez mon courage.
Faut-il vieillir courbé sous la main qui m'outrage,
Suporter, ou finir mon malheur & mon sort ?
Qui suis-je ? Qui m'arrête ? & qu'est-ce que la Mort ?
C'est la fin de nos maux, c'est mon unique azile ;
Après de longs transports, c'est un sommeil tranquile.

On s'endort, & tout meurt, mais un affreux
 réveil
Doit succéder peut-être aux douceurs du
 sommeil.
On nous menace, on dit que cette courte Vie
De tourmens éternels est aussi-tôt suivie.
O Mort ! moment fatal ! affreuse Eternité !
Tout cœur à ton seul nom se glace épouvanté.
Eh ! qui pourroit sans toi suporter cette vie :
De nos Prêtres menteurs bénir l'hypocrisie :
D'une indigne Maîtresse encenser les erreurs :
Ramper sous un Ministre, adorer ses hau-
 teurs ;
Et montrer les langueurs de son ame abattue
A des Amis ingrats qui détournent la vûe ?
La Mort seroit trop douce en ces extrêmités,
Mais le scrupule parle, & nous crie : Arrêtez ;
Il défend à nos mains cet heureux homicide,
Et d'un Héros guerrier, fait un Chrétien ti-
 mide, &c.

Ne croyez pas que j'aye rendu ici l'Anglais mot pour mot ; malheur aux faiseurs de traductions litérales, qui traduisant chaque parole énervent le sens. C'est bien là qu'on peut dire que la lettre tue, & que l'esprit vivifie.

Voici encore un passage d'un fameux Tragique Anglais, c'est Dryden Poëte du tems de Charles II. Auteur plus fécond que judicieux, qui auroit une réputation sans mélange, s'il n'avoit fait que la dixiéme partie de ses Ouvrages.

Ce morceau commence ainsi :

When I confider Life 'tis all a Cheat,
Yet fool'd by Hope Men favour the Deceit, &c.

De desseins en regrets, & d'erreurs en desirs
Les mortels insensés promenent leur folie :
Dans les malheurs présens, dans l'espoir des plaisirs.
Demain, demain, dit-on, va combler tous nos vœux.
Demain vient, & nous laisse encor plus malheureux.
Quelle est l'erreur, hélas ! du soin qui nous dévore,
Nul de nous ne voudroit recommencer son cours.
De nos premiers momens nous maudissons l'aurore,
Et de la nuit qui vient, nous attendons encore
Ce qu'ont en vain promis les plus beaux de nos jours, &c.

 C'est dans ces morceaux détachés que les Tragiques Anglais ont jusques ici excellé. Leurs Piéces presque toutes barbares, dépourvûes de bienséance, d'ordre & de vraisemblance, ont des lueurs étonnantes au milieu de cette nuit. Le stile est trop empoulé, trop hors de la nature, trop copié des Ecrivains Hébreux, si remplis de l'enflure Asiatique; mais il faut avouer que les échasses du stile figuré, sur lesquelles la Langue Angloise est guindée, élevent l'esprit bien haut, quoique par une marche irréguliere. Le premier

Anglais qui ait fait une Piéce raisonnable, & écrite d'un bout à l'autre avec élégance, c'est l'illustre Mr Addisson. Son Caton d'Utique est un Chef-d'œuvre pour la diction, & pour la beauté des vers. Le rôle de Caton est à mon gré fort au-dessus de celui de Cornélie dans le Pompée de Corneille ; car Caton est grand sans enflure, & Cornélie, qui d'ailleurs n'est pas un personnage nécessaire, vise quelquefois au galimathias. Le Caton de Mr Addison me paroît le plus beau personnage qui soit sur aucun Théatre, mais les autres rôles de la Piéce n'y répondent pas ; & cet ouvrage si bien écrit est défiguré par une intrigue froide d'amour, qui répand sur la Piéce une langueur qui la tue.

La coutume d'introduire de l'amour, à tort & à travers, dans les Ouvrages dramatiques, passa de Paris à Londres vers l'an 1660. avec nos rubans & nos perruques. Les femmes qui y parent les spectacles, comme ici, ne veulent plus souffrir qu'on leur parle d'autres choses que d'amour. Le sage Addison eut la molle complaisance de plier la sévérité de son caractére aux mœurs de son tems, & gâta un Chef-d'œuvre pour avoir voulu plaire.

Depuis lui les Piéces sont devenues plus réguliéres, le Peuple plus difficile, les Auteurs plus corrects & moins hardis. J'ai vû des Piéces nouvelles fort sages, mais froides. Il semble que les Anglais n'ayent été faits jusqu'ici que pour produire des beautés irréguliéres. Les monstres brillans de Shakespear plaisent mille fois plus que la sagesse moderne. Le génie poëtique des Anglais ressemble jusqu'à présent à un Arbre touffu planté par la Nature, jettant au hazard mille rameaux, & croissant inégalement avec force. Il meurt, si vous voulez forcer sa Nature, **& le tailler en Arbre des Jardins de Marli.**

SUR LA COMEDIE.

CHAPITRE XXII.

JE ne fai comment le fage & ingénieux Mr de Muralt, dont nous avons les Lettres fur les Anglais & fur les Français, s'eft borné, en parlant de la Comédie, à critiquer un Comique nommé Shadwell. Cet Auteur étoit affez méprifé de fon tems. Il n'étoit point le Poëte des honnêtes gens. Ses Piéces, goutées pendant quelques repréfentations par le Peuple, étoient dédaignées par tous les gens de bon goût, & reffembloient à tant de Piéces que j'ai vû en France attirer la foule & révolter les Lecteurs, & dont on a pû dire, tout Paris les court. Mr de Muralt auroit dû, ce femble, nous parler d'un Auteur excellent qui vivoit alors, c'étoit Mr Wicherley qui fut long-tems l'Amant déclaré de la Maîtreffe la plus illuftre de Charles II. Cet homme qui paffoit fa vie dans le plus grand monde, en connoiffoit parfaitement les vices & les ridicules; & les peignoit du pinceau le plus ferme, & des couleurs les plus vraies. Il a fait un Mifantrope qu'il a imité de Moliére. Tous les traits de Wicherley font plus forts & plus hardis que ceux de notre Mifantrope; mais auffi ils ont moins de fineffe & de bienféance. L'Auteur Anglais a corrigé le feul défaut qui foit dans la Piéce de Moliére; ce défaut eft le manque d'intrigue & d'intérêt.

La Piéce Angloise est intéressante, & l'intrigue est ingénieuse : elle est trop hardie, sans doute, pour nos mœurs ; c'est un Capitaine de Vaisseau plein de valeur, de franchise & de mépris pour le Genre Humain. Il a un ami sage & sincére dont il se défie, & une Maîtresse dont il est tendrement aimé, sur laquelle il ne daigne pas jetter les yeux ; au contraire, il a mis toute sa confiance dans un un faux ami qui est le plus indigne homme qui respire, & il a donné son cœur à la plus coquette & à la plus perfide de toutes les femmes. Il est bien assuré que cette femme est une Pénélope, & ce faux ami un Caton. Il part pour s'aller battre contre les Hollandais, & laisse tout son argent, ses pierreries, & tout ce qu'il a au monde à cette femme de bien, & recommande cette femme elle-même à cet ami fidéle sur lequel il compte si fort. Cependant le véritable honnête-homme, dont se défie tant, s'embarque avec lui, & la Maîtresse qu'il n'a pas seulement daigné regarder, se déguise en Page, & fait le voyage, sans que le Capitaine s'aperçoive de son sexe de toute la Campagne.

Le Capitaine ayant fait sauter son Vaisseau dans un combat, revient à Londres, sans secours, sans Vaisseau & sans argent, avec son Page & son ami, ne connoissant ni l'amitié de l'un ni l'amour de l'autre. Il va droit chez la perle des femmes, qu'il compte retrouver avec sa Cassette & sa fidélité. Il la trouve mariée avec l'honnête fripon à qui il s'étoit confié, & on ne lui a pas plus gardé son dépôt que le reste. Mon homme a toutes les peines du monde à croire qu'une femme de bien puisse faire de pareils tours ; mais pour l'en convaincre mieux, cette honnête Dame devient amoureuse du petit Page, &

veut le prendre à force ; mais comme il faut que justice se fasse, & que dans une Piéce de Théatre, le vice soit puni, & la vertu récompensée, il se trouve à la fin du compte que le Capitaine se met à la place du Page, couche avec son Infidelle, fait cocu son traître ami, lui donne un coup d'épée au travers du corps, reprend sa Cassette, & épouse son Page. Vous remarquerez qu'on a encore lardé cette Piéce d'une Comtesse de Pimbesche, vieille plaideuse, parente du Capitaine, laquelle est bien la plus plaisante créature & le meilleur caractére qui soit au Théatre.

Wicherley a encore tiré de Moliére une Piéce non moins singuliére, & non moins hardie, c'est une espéce d'École des femmes.

Le principal personnage de la Piéce est un drôle de bonnes fortunes, la terreur des maris de Londres, qui pour être plus sûr de son fait, s'avise de faire courir le bruit, que dans sa derniére maladie les Chirurgiens ont trouvé à propos de le faire Eunuque. Avec cette belle réputation les maris lui amenent leurs femmes, & le pauvre drôle n'est plus embarassé que du choix. Il donne sur-tout la préférence à une petite Campagnarde qui a beaucoup d'innocence & de témpéramment, & qui fait son mari cocu avec une bonne foi qui vaut mieux que la malice des Dames les plus expertes. Cette Piéce n'est pas, si vous voulez, l'École des bonnes mœurs, mais en vérité c'est l'École de l'esprit & du bon comique.

Un Chevalier Vanbrugh a fait des Comédies encore plus plaisantes, mais moins ingénieuses. Ce Chevalier étoit un homme de plaisir, & par-dessus cela Poëte & Architecte. On prétend qu'il écrivoit avec autant de délicatesse & d'élégance qu'il bâtissoit grossiérement. C'est lui qui a bâti le fameux Château de Blenheim, péfant & durable monument de notre malheureufe bataille d'Hochftet. Si les apartemens étoient feulement auffi larges que les murailles font épaiffes, ce Château feroit affez commode.

On a mis dans l'Épitaphe de Vanbrugh, qu'on fouhaitoit que la Terre ne lui fût point legére, attendu que de fon vivant il l'avoit fi inhumainement chargée.

Ce Chevalier ayant fait un tour en France avant la belle guerre de 1701, fut mis à la Baftille, & y refta quelque tems fans avoir jamais pû favoir ce qui lui avoit attiré cette diftinction de la part de notre Miniftére. Il fit une Comédie à la Baftille, & ce qui eft à mon fens fort étrange, c'eft qu'il n'y a dans cette Piéce aucun trait contre le Pays dans lequel il effuya cette violence.

Celui de tous les Anglais qui a porté le plus loin la gloire du Théatre comique, eft feu Mr Congréve. Il n'a fait que peu de Piéces, mais toutes font excellentes dans leur genre. Les régles du Théatre y font rigoureufement obfervées. Elles font pleines de caractéres nuancés avec une extrême fineffe: on n'y effuye pas la moindre mauvaife plaifanterie; vous y voyez par-tout le langage des honnêtes gens avec des actions de fripon, ce qui prouve qu'il connoiffoit bien le monde, & qu'il vivoit dans ce qu'on apelle la bonne compagnie.

Ses Piéces font les plus fpirituelles & les plus exactes, celles de Vanbrugh les plus gayes, & celles de Wicherley les plus fortes. Il eft à remarquer, qu'aucun de ces Beaux-Efprits n'a mal parlé de Moliére; il n'y a que les mauvais Auteurs Anglais qui ayent dit du mal de ce grand Homme. Ce font les mauvais Muficiens d'Italie qui méprifent Lully ; mais un Buononcini l'eſtime & lui rend juſtice.

L'Angleterre a encore de bons Poëtes Comiques, tels que le Chevalier Steele, & Mr Cibber excellent Comédien, & d'ailleurs Poëte du Roi ; titre qui paroît ridicule, mais qui ne laiſſe pas de donner mille écus de rente & de beaux priviléges. Notre grand Corneille n'en a pas eu tant.

Au reſte, ne me demandez pas que j'entre ici dans le moindre détail de ces Piéces Anglaiſes dont je ſuis ſi grand Partiſan, ni que je vous raporte un bon mot ou une plaiſanterie des Wicherleys & des Congréves : on ne rit point dans une traduction. Si vous voulez connoître la Comédie Anglaiſe, il n'y a d'autre moyen pour cela que d'aller à Londres, d'y reſter trois ans, d'aprendre bien l'Anglais, & de voir la Comédie tous les jours. Je n'ai pas grand plaiſir en liſant Plaute & Ariſtophane ; pourquoi ? c'eſt que je ne ſuis ni Grec, ni Romain. La fineſſe des bons mots, l'alluſion, l'à propos, tout cela eſt perdu pour un étranger.

Il n'en eſt pas de même dans la Tragédie. Il n'eſt queſtion chez elle que de grandes paſſions, & de ſottiſes héroïques conſacrées par de vieilles erreurs de Fables ou d'Hiſtoire. Oedipe, Electre, apartiennent aux Eſpagnols, aux Anglais, & à nous comme aux Grecs. Mais la bonne Comédie eſt la peinture parlante des ridicules d'une Nation, & , ſi vous ne connoiſſez pas la Nation à fond, vous ne pouvez guéres juger de la peinture.

SUR LES SEIGNEURS
QUI CULTIVENT
LES LETTRES.

CHAPITRE XXIII.

IL a été un tems en France où les Beaux-Arts étoient cultivés par les premiers de l'État. Les Courtisans sur-tout s'en mêloient malgré la dissipation, le goût des riens, la passion pour l'intrigue, toutes Divinités du Pays. Il me paroît qu'on est actuellement à la Cour dans tout un autre goût que celui des Lettres ; peut-être dans peu de tems la mode de penser reviendra-t'elle. Un Roi n'a qu'à vouloir, on fait de cette Nation-ci tout ce qu'on veut. En Angleterre communément on pense, & les Lettres y sont plus en honneur qu'ici. Cet avantage est une suite nécessaire de la forme de leur Gouvernement. Il y a à Londres environ huit cens personnes qui ont le droit de parler en public, & de soutenir les intérêts de la Nation. Environ cinq ou six mille prétendent au même honneur à leur tour. Tout le reste s'érige en Juge de tous ceux-ci, & chacun peut faire imprimer ce qu'il pense sur les affaires publiques ; ainsi toute la Nation est dans la nécessité de s'instruire. On n'entend parler que des Gouvernemens d'Athènes & de Rome. Il faut bien, malgré qu'on en ait, lire les Auteurs qui en ont traité. Cette étude conduit naturellement aux Belles-Lettres. En général les hommes ont l'esprit de leur état. Pourquoi d'ordinaire nos Magistrats, nos Avocats, nos Médecins, & beaucoup d'Ecclésiastiques, ont-ils plus de Lettres, de goût & d'esprit que l'on n'en trouve dans toutes les autres professions ? C'est que réellement leur état est d'avoir l'esprit cultivé, comme celui d'un Marchand est de connoître son négoce. Il n'y a pas long-tems qu'un Seigneur Anglais fort jeune me vint voir à Paris, en revenant d'Italie. Il avoit fait en vers une description de ce Pays-là aussi poliment écrite que tout ce qu'ont fait le Comte de Rochester & nos Chaulieux, nos Sarasins & nos Chapelles. La Traduction que j'en ai faite est si loin d'atteindre à la force & à la bonne plaisanterie de l'Original, que je suis obligé d'en demander sérieusement pardon à l'Auteur, & à ceux qui entendent l'Anglais. Cependant comme je n'ai pas d'autre moyen de faire connoître les vers de Mylord Harvey, les voici dans ma Langue.

> Qu'ai-je donc vû dans l'Italie ?
> Orgueil, Astuce, & Pauvreté,
> Grands Complimens, peu de Bonté,
> Et beaucoup de Cérémonie.

> L'extravagante Comédie,
> Que souvent l'Inquisition (*)
> Veut qu'on nomme Religion;
> Mais qu'ici on nomme folie.

(*) *Il entend sans doute les Farces que certains Prédicateurs jouent dans les Places publiques.*

La Nature en vain bienfaisante
Veut enrichir ces Lieux charmans,
Des Prêtres la main défolante
Étouffe ses plus beaux préfens.

Les Monfignors, foi-difant Grands,
Seuls dans leurs Palais magnifiques
Y font d'illuftres fainéans,
Sans argent & fans domeftiques.

Pour les Petits, fans liberté,
Martyrs du joug qui les domine,
Ils ont fait vœu de pauvreté,
Priant Dieu par oifiveté,
Et toujours jeûnant par famine.

Ces beaux lieux du Pape bénis
Semblent habités par les Diables;
Et les Habitans miférables
Sont damnés dans le Paradis.

SUR LE COMTE DE ROCHESTER ET Mr WALLER.

CHAPITRE XXIV.

TOut le monde connoît la réputation du Comte de Rochester. Mr de St Evremond en a beaucoup parlé, mais il ne nous a fait connoître du fameux Rochester que l'homme de plaisir, l'homme à bonnes fortunes. Je voudrois faire connoître en lui l'homme de génie & le grand Poëte. Entre autres Ouvrages qui brilloient de cette imagination ardente qui n'apartenoit qu'à lui, il a fait quelques Satires sur les mêmes sujets que notre célèbre Despreaux avoit choisis. Je ne sai rien de plus utile pour se perfectionner le goût, que la comparaison des grands Génies qui se sont exercés sur les mêmes matiéres. Voici comme Mr Despreaux parle contre la Raison humaine dans sa Satire sur l'Homme.

Cependant à le voir plein de vapeurs legéres,
Soi-même se bercer de ses propres chiméres,
Lui seul de la Nature est la base & l'apui,
Et le dixiéme Ciel ne tourne que pour lui.
De tous les Animaux il est ici le Maître;

Qui pourroit le nier, poursuis-tu ? Moi peut-être.

Ce Maître prétendu qui leur donne des loix,
Ce Roi des Animaux, combien a t'il de Rois !

Voici à peu près comme s'exprime le Comte de Rochester dans sa Satire sur l'Homme. Mais il faut que le Lecteur se ressouvienne toujours que ce sont ici des traductions libres des Poëtes Anglais, & que la gêne de notre Langue, ne peuvent donner l'équivalent de la licence impétueuse du stile Anglais.

Cet esprit que je hais, cet esprit plein d'erreur,
Ce n'est pas ma Raison, c'est la tienne, Docteur,
C'est la Raison frivole, inquiéte, orgueilleuse,
Des sages Animaux, rivale dédaigneuse,
Qui croit entr'eux & l'Ange occuper le milieu,
Et pense être ici bas l'image de son Dieu.
Vil atôme imparfait, qui croit, doute, dispute,
Rampe, s'éleve, tombe, & nie encore sa chûte.
Qui nous dit, je suis libre, en nous montrant ses fers,
Et dont l'œil trouble & faux croit percer l'Univers.
Allez, révérends Fous, bienheureux Fanatiques,
Compilez bien l'Amas de vos Riens Scholastiques,
Peres de Visions, & d'Enigmes sacrés,

Auteurs du Labyrinthe, où vous vous égarez;
Allez obscurément éclaircir vos myſtéres,
Et courez dans l'Ecole adorer vos chimères.
Il eſt d'autres erreurs, il eſt de ces Dévots
Condamnés par eux-mêmes à l'ennui du repos.
Ce myſtique encloîtré, fier de ſon indolence,
Tranquile au ſein de Dieu, qu'y peut-il faire?
Il penſe.
Non, tu ne penſes point, miſérable, tu dors:
Inutile à la Terre, & mis au rang des morts.
Ton eſprit énervé croupit dans la moleſſe.
Réveille-toi, ſois homme, & ſors de ton yvreſſe.
L'homme eſt né pour agir, & tu prétens penſer?

 Que ces idées ſoient vraies ou fauſſes, il eſt toujours certain qu'elles ſont imprimées avec une énergie qui fait le Poëte. Je me garderai bien d'examiner la choſe en Philoſophe, & de quitter ici le pinceau pour le compas : mon unique but dans cette Lettre eſt de faire connoître le génie des Poëtes Anglais, & je vais continuer ſur ce ton.
 On a beaucoup entendu parler du célébre Waller en France. La Fontaine, St Evremond & Bayle ont fait ſon éloge; mais on ne connoît de lui que ſon nom. Il eut à peu près à Londres la même réputation que Voiture eut à Paris, & je crois qu'il la méritoit mieux. Voiture vint dans un tems où l'on ſortoit de la barbarie, & où l'on étoit encore dans l'ignorance. On vouloit avoir de l'eſprit, & on

n'en avoit point encore. On cherchoit des tours au lieu de pensées. Les faux brillans se trouvent plus aisément que les pierres précieuses. Voiture, né avec un génie frivole & facile, fut le premier qui brilla dans cette aurore de la Litérature Française. S'il étoit venu après les grands Hommes qui ont illustré le siécle de Louis XIV ou il auroit été inconnu, ou on n'auroit parlé de lui que pour le méprifer, ou il auroit corrigé son stile. Mr Despreaux le loue, mais c'est dans ses premiéres Satires, c'est dans le tems que le goût de Despreaux n'étoit pas encore formé: il étoit jeune, & dans l'âge où l'on juge des hommes, par la réputation & non pas par eux-mêmes. D'ailleurs, Despreaux étoit souvent bien injuste dans ses louanges & dans ses censures. Il louoit Segrais que personne ne lit: il insultoit Quinault que tout le monde sait par cœur; & il ne dit rien de la Fontaine. Waller, meilleur que Voiture, n'étoit pas encore parfait. Ses Ouvrages galans respirent la grace, mais la négligence les fait languir, & souvent les pensées fausses les défigurent. Les Anglais n'étoient pas encore parvenus de son tems à écrire avec correction. Ses Ouvrages sérieux sont pleins d'une vigueur qu'on n'attendroit pas de la molesse de ses autres Piéces. Il a fait un éloge funébre de Cromwell, qui avec ses défauts passe pour un Chef-d'œuvre. Pour entendre cet Ouvrage, il faut sçavoir que Cromwell mourut le jour d'une tempête extraordinaire. La Piéce commence ainsi:

Il n'est plus, c'en est fait, soumettons - nous
    au sort,
Le Ciel a signalé ce jour par des tempêtes,

Et la voix du tonnerre éclatant sur nos têtes
   Vient d'annoncer sa mort.

Par ses derniers soupirs il ébranle cette Isle,
Cette Isle que son bras fit trembler tant de fois,
   Quand dans le cours de ses Exploits,
   Il brisoit la tête des Rois,
Et soumettoit un Peuple à son joug seul docile.

Mer, tu t'en es troublée; ô Mer, tes flots émus
Semblent dire en grondant aux plus lointains rivages
Que l'effroi de la Terre & ton Maître n'est plus.
Tel au Ciel autrefois s'envola Romulus,
Tel il quitta la Terre, au milieu des orages,
Tel d'un Peuple guerrier il reçut les homages;
Obéi dans sa vie, à sa mort adoré,
Pon Palais fut un Temple, &c.

   C'est à propos de cet éloge de Cromwell que Waller fit au Roi Charles II. cette réponse qu'on trouve dans le Dictionnaire de Bayle. Le Roi, à qui Waller venoit, selon l'usage des Rois & des Poëtes, de présenter une Piéce farcie de louanges, lui reprocha qu'il avoit mieux fait pour Cromwell. Waller répondit: *Sire, nous autres Poëtes nous réussissons mieux dans les fictions que dans les vérités.* Cette réponse n'étoit pas si sincére que celle de l'Ambassadeur Hollandais, qui, lorsque le même Roi se plaignoit que l'on avoit moins d'égards pour lui que pour Cromwell, répondit, *Ah! Sire, ce Cromwel étoit toute autre chose.* Mon but n'est pas de faire un Commentaire sur le caractére de Waller, ni de personne. Je ne considere les gens après leur mort que par leurs Ouvrages; tout le reste est pour moi aneanti. Je remarque seulement, que Waller, né à la Cour avec soixante mille livres de rente, n'eut jamais le sot orgueil, ni la nonchalance d'abandonner son talent. Les Comtes de Dorset & de Roscommon, les deux Ducs de Buckingham, Milord Halifax, & tant d'autres, n'ont pas crû déroger en devenant de très-grands Poëtes & d'illustres Ecrivains. Leurs Ouvrages leur font plus d'honneur que leurs noms. Ils ont cultivé les Lettres comme s'ils en eussent attendu leurs fortunes. Ils ont de plus rendu les Arts respectables aux yeux du Peuple, qui en tout a besoin d'être mené par les Grands, & qui pourtant se régle moins sur eux en Angleterre qu'en aucun lieu du Monde.

SUR Mr POPE,
ET QUELQUES AUTRES POETES FAMEUX.

CHAPITRE XXV.

Je voulois vous parler de Mr Prior un des plus aimables Poëtes d'Angleterre, que vous avez vû ici Plénipotentiaire & Envoyé-Extraordinaire en 1712. Je comptois vous donner aussi quelque idée des Poésies de Mylord Roscommon, de Mylord Dorset; mais je sens qu'il me faudroit faire un gros Livre, & qu'après bien de la peine, je ne vous donnerois qu'une idée fort imparfaite de tous ces Ouvrages. La Poésie est une espèce de Musique, il faut l'entendre pour en juger. Quand je vous traduis quelques morceaux de ces poésies étrangéres, je vous note imparfaitement leur Musique : mais je ne puis exprimer le goût de leur chant.

Il y a sur-tout un Poëme Anglais que je désespérerois de vous faire connoître, il s'apelle *Hudibras*. Le sujet est la Guerre civile, & la Secte des Puritains tournée en ridicule. C'est Don Quichotte, c'est notre Satire Ménippée fondus ensemble. C'est de tous les Livres que j'ai jamais lûs, celui où j'ai trouvé le plus d'esprit, mais c'est aussi le plus intraduisible. Qui croiroit qu'un Livre qui saisit tous les ridicules du Genre Humain, & qui a plus de pensées que de mots, ne pût souffrir la traduction ? C'est que presque tout y fait allusion à des avantures particuliéres. Le plus grand ridicule tombe sur-tout sur les Théologiens que peu de gens du monde entendent. Il faudroit à tout moment un Commentaire ; & la plaisanterie expliquée cesse d'être plaisanterie. Tout Commentateur de bons mots est un sot. Voilà pourquoi on n'entendra jamais bien en France les Livres de l'ingénieux Docteur Swift, qu'on apelle le Rabelais d'Angleterre. Il a l'honneur d'être Prêtre comme Rabelais, & de se moquer de tout comme lui. Mais on lui fait grand tort, selon mon petit sens, de l'apeller de ce nom. Rabelais dans son extravagant & inintelligible Livre, a répandu une extrême gaieté & une plus grande impertinence. Il a prodigué l'érudition, les ordures, & l'ennui. Un bon Conte de deux pages est acheté par des Volumes de sottises. Il n'y a que quelques personnes d'un goût bizarre qui se piquent d'entendre & d'estimer tout cet Ouvrage. Le reste de la Nation rit des plaisanteries de Rabelais, & méprise le Livre ; on le regarde comme le premier des Boufons. On est fâché qu'un homme qui avoit tant d'esprit en ait fait un si misérable usage. C'est un Philosophe yvre, qui n'a écrit que dans le tems de son yvresse.

Mr Swift est Rabelais dans son bon sens, & vivant en bonne compagnie. Il n'a pas à la vérité la gaieté du premier ; mais il a toute la finesse, la raison, le choix, le bon goût qui manque à notre Curé de Meudon. Ses vers sont d'un goût singulier & presque inimitable. La bonne plaisanterie est son partage en vers & en prose ; mais pour le bien entendre, il faut faire un petit voyage dans son pays.

Vous pouvez plus aisément vous former quelque idée de Mr. Pope. C'est, je crois, le Poëte le plus élégant, le plus correct, & ce qui est encore beaucoup, le plus harmonieux qu'ait eu l'Angleterre. Il a réduit les sifflemens aigres de la Trompette Angloise aux sons doux de la Flute. On peut le traduire, parce qu'il est extrêmement clair, & que ses sujets pour la plûpart sont généraux, & du ressort de toutes les Nations.

On connoîtra bien-tôt en France son Essai sur la Critique, par la Traduction en vers qu'en fait M. l'Abé du Renel.

Voici un morceau de son Poëme de la Boucle de Chevéux que je viens de traduire avec ma liberté ordinaire : car encore une fois, je ne sai rien de pis que de traduire un Poëme mot pour mot.

Umbriel

Umbriel à l'inſtant, vieil Gnome rechigné,
Va d'une aîle péſante & d'un air renfrogné
Chercher en murmurant la Caverne profonde
Où loin des doux raïons que répand l'œil du Monde,
La Déeſſe aux vapeurs a choiſi ſon ſéjour :
Les triſtes Aquilons y ſifflent à l'entour,
Et le ſouffle mal ſain de leur aride halaine
Y porte aux environs la fiévre & la migraine.
Sur un riche Sofa, derriére un Paravent,
Loin des flambeaux, du bruit, des parleurs & du vent.
La quinteuſe Déeſſe inceſſamment repoſe,
Le cœur gros de chagrin, ſans en ſavoir la cauſe ;
N'ayant penſé jamais, l'eſprit toujours troublé,
L'œil chargé, le teint pâle, & l'hypocondre enflé.
La médiſante Envie eſt aſſiſe auprès d'elle,
Vieil Spectre féminin, décrépité pucelle,
Avec un air dévot déchirant ſon prochain,
Et chanſonnant les gens, l'Evangile à la main.
Sur un lit plein de fleurs négligemment panchée,
Une jeune Beauté non loin d'elle eſt couchée;
C'eſt l'Affectation qui graſſaie en parlant,
Ecoute ſans entendre, & lorgne en regardant.
Qui rougit ſans pudeur, & rit de tout ſans joye,

De cent maux différens prétend qu'elle est la
 proye,
Et pleine de santé sous le rouge & le fard,
Se plaint avec mollesse, & se pâme avec art.

Si vous lisiez ce morceau dans l'Original au lieu de le lire dans cette foible traduction, vous le compareriez à la description de la Molesse dans le Lutrin. En voilà bien honnêtement pour les Poëtes Anglais. Je vous ai touché un petit mot de leurs Philosophes. Pour de bons Historiens je ne leur en connois pas encore. Il a fallu qu'un Français ait écrit leur Histoire. Peut-être le génie Anglais, qui est ou froid ou impétueux, n'a pas encore saisi cette éloquence naïve, & cet air noble & simple de l'Histoire. Peut-être aussi l'Esprit de parti qui fait voir trouble a décrédité tous leurs Historiens. La moitié de la Nation est toujours l'ennemie de l'autre. J'ai trouvé des gens qui m'ont assuré que Mylord Marlborough étoit un poltron, & que Mr. Pope étoit un sot; comme en France quelques Jesuites trouvent Pascal un petit esprit, & quelques Jansénistes disent que le Pere Bourdaloue n'étoit qu'un bavard.

Marie Stuart est une sainte Héroïne pour les Jacobites; pour les autres c'est une débauchée, adultére, homicide. Ainsi en Angleterre on a des Factums, & point d'Histoire. Il est vrai qu'il y a à présent un Mr Gordon excellent Traducteur de Tacite, très-capable d'écrire l'Histoire de son Païs. Mais Mr Rapin de Thoyras l'a prévenu. Enfin, il me paroît que les Anglais n'ont point de si bons Historiens que nous; qu'ils n'ont point de véritables Tragédies; qu'ils ont des Comédies charmantes, & des morceaux de Poésie admirables, & des Philosophes qui devroient être les Précepteurs du Genre Humain.

Les Anglais ont beaucoup profité des Ouvrages de notre Langue. Nous devrions à notre tour emprunter d'eux après leur avoir prêté. Nous ne sommes venus, les Anglais & nous, qu'après les Italiens qui en tout ont été nos Maîtres, & que nous avons surpassés en quelques choses. Je ne sai à laquelle des trois Nations il faudra donner la préférence; mais heureux celui qui sait sentir leurs différens mérites, & qui n'a point la sottise de n'aimer que ce qui vient de son Pays.

SUR
LA SOCIETE ROYALE,
ET SUR
LES ACADEMIES.

CHAPITRE XXVI.

LEs Anglais ont eu quelque tems avant nous une Académie des Sciences, mais elle n'est pas si bien réglée que la nôtre, & cela par la seule raison peut-être qu'elle est ancienne : car si elle avoit été formée après l'Académie de Paris, elle en auroit adopté quelques sages Loix, & eût perfectionné les autres.

La Société Royale de Londres manque de deux choses les plus nécessaires aux hommes;

des récompenses & des régles C'est une petite fortune sûre à Paris pour un Géometre, pour un Chimiste, qu'une place a l'Académie. Au contraire, il en a coûté à Londres pour être de la Societé Royale. Quiconque dit en Angleterre, j'aime les Arts, & veux être de la Societé, en est dans l'instant. Mais en France pour être Membre & Penssionnaire de l'Académie, ce n'est pas assez d'être amateur, il faut être savant, disputer la place contre des concurrens d'autant plus redoutables, qu'ils sont animés par la gloire, par l'intérêt, par la difficulté même, & par cette infléxibilité d'esprit que donne d'ordinaire l'étude opiniâtre des Sciences de calcul.

L'Académie des Sciences est sagement bornée à l'étude de la Nature, & en vérité c'est un champ assez vaste pour occuper cinquante ou soixante personnes. Celle de Londres a mêlé long-tems indifféremment la Littérature à la Phisique. Il me semble qu'il est mieux d'avoir une Académie particuliére pour les Belles-Lettres, afin que rien ne soit confondu, & qu'on ne voye point une Dissertation sur les coëffures des Romains à côté d'une centaine de courbes nouvelles.

Puisque la Societé de Londres a peu d'ordre & nul encouragement, & que celle de Paris est sur un pied tout opposé, il n'est pas étonnant que les Mémoires de notre Académie soient supérieurs aux leurs. Des Soldats bien disciplinés & bien payés, doivent à la longue l'emporter sur des Volontaires. Il est vrai que la Societé Royale a eu un Newton, mais elle ne l'a pas produit. Il y avoit même peu de ses Confreres qui l'entendissent. Un génie comme Mr Nevvton apartenoit à toutes les Académies de l'Europe, parce que toutes avoient beaucoup à aprendre de lui.

Le fameux Docteur Svvift forma le deſſein, dans les derniéres années du régne de la Reine Anne, d'établir une Académie pour la Langue, à l'exemple de l'Académie Françaiſe. Ce projet étoit apuyé par le Comte d'Oxford, Grand Tréſorier, & encore plus par le Vicomte de Bolingbroke Secretaire d'Etat, qui avoit le don de parler ſur le champ dans le Parlement, avec autant de pureté que Svvift écrivoit dans ſon Cabinet, & qui auroit été le protecteur & l'ornement de cette Académie. Les Membres qui la devoient compoſer étoient des hommes dont les Ouvrages dureront autant que la Langue Angl aiſe. C'étoient ce Docteur Svvift, Mr Prior, que nous avons vû ici Miniſtre public, & qui en Angleterre a la même réputation que la Fontaine a parmi nous : c'étoient Mr Pope, le Boileau d'Angleterre, Mr Congreve qu'on peut en apeller le Moliére ; pluſieurs autres dont les noms m'échapent ici, auroient tous fait fleurir cette Compagnie dans ſa naiſſance. Mais la Reine mourut ſubitement, les Wihgs ſe mirent dans la tête de faire pendre les Protecteurs de l'Académie ; ce qui, comme vous voyez bien, fut mortel aux Belles-Lettres. Les Membres de ce Corps auroient eu un grand avantage ſur les premiers qui compoſerent l'Académie Françaiſe. Svvift, Prior, Congreve, Dryden, Pope, Addiſon, &c. avoient fixé la Langue Angl aiſe par leurs Ecrits, au lieu que Chapelain, Colletet, Caſſaigne, Faret, Cotin, nos premiers Académiciens, étoient l'oprobre de de notre Nation, & que leurs noms ſont devenus ſi ridicules, que ſi quelque Auteur paſſable avoit le malheur de s'apeller aujourd'hui Chapelain ou Cotin, il ſeroit obligé de changer de nom.

Il auroit fallu ſur-tout que l'Académie Anglaise se fût proposé des ocupations toutes différentes de la nôtre. Un jour un Bel-Esprit de ce pays-là me demanda les Mémoires de l'Académie Françaife. Elle n'écrit point de Mémoires, lui répondis-je; mais elle a fait imprimer soixante ou quatre-vingt Volumes de complimens. Il en parcourut un ou deux. Il ne put jamais entendre ce stile, quoiqu'il entendît fort bien tous nos bons Auteurs. Tout ce que j'entrevois, me dit-il, dans ces beaux Discours, c'est que le Récipiendaire ayant assuré que son prédécesseur étoit un grand homme, que le Cardinal de Richelieu étoit un très-grand homme, le Chancelier Seguier un assez grand homme; le Directeur lui répond la même chose, & ajoute que le Récipiendaire pourroit bien aussi être une espèce de grand homme, & que pour lui Directeur il n'en quitte pas sa part.

Il est aisé de voir par quelle fatalité presque tous ces Discours Académiques ont fait si peu d'honneur à ce Corps. *Vitium est temporis potiùs quam hominis.* L'usage s'est insensiblement établi, que tout Académicien répéteroit ces Eloges à sa réception: ç'a été une espèce de loi d'ennuyer le public. Si l'on cherche ensuite pourquoi les plus grands Génies qui sont entrés dans ce Corps ont fait quelquefois les plus mauvaises Harangues, la raison en est encore bien aisée; c'est qu'ils ont voulu briller, c'est qu'ils ont voulu traiter nouvellement une matière toute usée. La nécessité de parler, l'embarras de n'avoir rien à dire, & l'envie d'avoir de l'esprit, sont trois choses capables de rendre ridicule même le plus grand homme. Ne pouvant trouver des pensées nouvelles, ils ont cherché des tours nouveaux, & ont parlé sans penser, comme des gens qui mâcheroient à vuide, & feroient semblant de manger, en périssant d'inanition.

Au lieu que c'est une loi dans l'Académie Française de faire imprimer tous ces Discours par lesquels seuls elle est connue, ce devroit être une loi de ne les imprimer pas.

L'Académie des Belles Lettres s'est proposé un but plus sage & plus utile : c'est de présenter au public un Recueil de Mémoires remplis de recherches & de critiques curieuses. Ces Mémoires sont déja estimés chez les Etrangers. On souhaiteroit seulement que quelques matières y fussent plus aprofondies, & qu'on n'en eût point traité d'autres. On se seroit, par exemple, fort bien passé de je ne sai quelle Dissertation sur les prérogatives de la Main droite sur la Main gauche, & de quelques auques autres recherches qui sous un titre moins ridicule, n'en sont guéres moins frivoles.

L'Académie des Sciences dans ses recherches plus difficiles, & d'une utilité plus sensible, embrasse la connoissance de la Nature & la perfection des Arts. Il est à croire que des études si profondes & si suivies, des calculs si exacts, des découvertes si fines, des vues si grandes, produiront enfin quelque chose qui servira au bien de l'Univers.

C'est dans les siécles les plus barbares que se sont faites les plus utiles découvertes. Il semble que le partage des tems les plus éclairés, & des Compagnies les plus savantes, soit de raisonner sur ce que des ignorans ont inventé. On sait aujourd'hui après les longues disputes de Mr Huygens & de Mr Renaud la détermination de l'angle le plus avantageux d'un gouvernail de Vaisseau avec la quille ; mais Christophe Colomb avoit découvert l'Amérique sans rien soupçonner de cet angle.

Je suis bien loin d'inférer de-là qu'il faille s'en tenir seulement à une pratique aveugle ;

mais il feroit heureux que les Physiciens & les Géometres joignissent autant qu'il est possible la pratique à la spéculation.

Faut-il que ce qui fait plus d'honneur à l'Esprit humain, soit souvent ce qui est le moins utile ! Un homme avec les quatre régles d'Arithmetique & du bon sens devient un grand Negociant, un Jaques Cœur, un Delmet, un Bernard, tandis qu'un pauvre Algébriste passe sa vie à chercher dans les nombres des raports & des propriétés étonnantes, mais sans usage, & qui ne lui aprendront pas ce que c'est que le Change. Tous les Arts sont à peu près dans ce cas. Il y a un point, passé lequel les recherches ne sont plus que pour la curiosité. Ces vérités ingénieuses & inutiles ressemblent à des Etoiles, qui placées trop loin de nous, ne nous donnent point de clarté.

Pour l'Académie Françoise, quel service ne rendroit-elle pas aux Lettres, à la Langue, & la Nation, si au lieu de faire imprimer tous les ans des complimens, elle faisoit imprimer les bons Ouvrages du siécle de Louis XIV. épurés de toutes les fautes du langage qui s'y sont glissées ? Corneille & Moliére en sont pleins. La Fontaine en fourmille. Celles qu'on ne pourroit pas corriger seroient au moins marquées. L'Europe qui lit ces Auteurs, aprendroit par eux notre Langue avec sûreté. Sa pureté seroit à jamais fixée. Les bons Livres Français imprimés avec soin aux dépens du Roi, seroient un des plus glorieux Monumens de la Nation. J'ai oüi dire que Mr Despréaux avoit fait autrefois cette proposition, & qu'elle a été renouvellée par un homme dont l'esprit, la sagesse, la saine critique sont connus ; mais cette idée a eu le sort de beaucoup d'autres projets utiles, d'être aprouvée & d'être négligée.

REMARQUES SUR LES PENSÉES DE Mʀ PASCAL.

CHAPITRE XXVII.

Voici des Remarques critiques que j'ai faites depuis long-tems sur les Pensées de Mr Paschal. Ne me comparez point ici, je vous prie, à Ezechias, qui voulut faire brûler tous les Livres de Salomon. Je respecte le génie & l'éloquence de Paschal; mais plus je les respecte, plus je suis persuadé qu'il auroit lui-même corrigé beaucoup de ces pensées qu'il avoit jettées au hazard sur le papier, pour les examiner ensuite; & c'est en admirant son génie que je combats quelques-unes de ses idées.

Il me paroît qu'en général l'esprit dans lequel M. Pascal écrivit ces Pensées, étoit de montrer l'homme dans un jour odieux. Il s'acharne à nous peindre tous méchans & malheureux. Il écrit contre la Nature humaine, à peu près comme il écrivoit contre les Jesuites. Il impute à l'essence de notre nature ce qui n'appartient qu'à certains hommes: il dit éloquemment des injures au Genre humain. J'ose prendre le parti de l'Humanité contre ce Misantrope sublime. J'ose assûrer que nous ne sommes ni si méchans, ni si malheureux qu'il le dit : je suis de plus très-persuadé que s'il avoit suivi dans le Livre qu'il méditoit, le dessein qui paroît dans ses pensées, il auroit fait un Livre plein de paralogismes éloquens & de faussetés admirablement déduites. Je crois même que tous ces Livres qu'on a fait depuis peu pour prouver la Religion Chrétienne, sont plus capables de scandaliser que d'édifier. Ces Auteurs prétendent-ils en savoir plus que Jesus-Christ & ses Apôtres ? C'est vouloir soutenir un Chêne en l'entourant de roseaux ; on peut écarter ces roseaux inutiles sans craindre de faire tort à l'Arbre. J'ai choisi avec discrétion quelques pensées de Pascal. J'ai mis les réponses au bas. Au reste, on ne peut trop répéter ici combien il seroit absurde & cruel de faire une affaire de parti de cette critique des Pensées de Pascal. Je n'ai de parti que la vérité. Je pense qu'il est très-vrai que ce n'est pas à la Métaphysique de prouver la Religion Chrétienne, & que la Raison est autant au-dessous de la Foi, que le fini est au dessus de l'infini. Je suis Métaphysicien avec Locke, mais Chrétien avec Saint Paul.

I. PENSÉE DE PASCAL.

Les grandeurs & les miséres de l'Homme sont tellement visibles, qu'il faut nécessairement que la véritable Religion nous enseigne qu'il y a en lui quelque grand principe de grandeur, & en même tems quelque grand principe de misére. Car il faut que la véritable Religion connoisse à fond notre nature, c'est-à-dire, qu'elle connoisse tout ce qu'elle a de grand & tout ce qu'elle a de misérable, & la raison de l'un & de l'autre : il faut encore qu'elle nous rende raison des étonnantes contrariétés qui s'y rencontrent.

I. Cette manière de raisonner paroit fausse & dangéreuse ; car la Fable de Prométhée & de Pandore, les Androgines de Platon, les Dogmes des anciens Egyptiens, & ceux de Zoroastre rendroient aussi-bien raison de ces contrariétés apparentes. La Religion Chrétienne n'en demeurera pas moins vraie, quand même on n'en tireroit pas ces conclusions ingénieuses qui ne peuvent servir qu'à faire briller l'esprit. Il est nécessaire pour qu'une Religion soit vraie, qu'elle soit révélée, & point du tout qu'elle rende raison de ces contrariétés prétendues ; elle n'est pas plus faite pour vous enseigner la Métaphysique que l'Astronomie.

II.
Qu'on examine sur cela toutes les Religions du monde, & qu'on voye s'il y en a une autre que la Chrétienne qui y satisfasse ; sera-ce celle qu'enseignoient les Philosophes qui nous proposent pour tout bien, un bien qui est en nous ? Est-ce là le vrai bien ?

II. Les Philosophes n'ont point enseigné de Religion : ce n'est pas leur Philosophie qu'il s'agit de combattre. Jamais Philosophe ne s'est dit inspiré de Dieu ; car dès-lors il eût cessé d'être Philosophe & il eût fait le Prophéte. Il ne s'agit pas de savoir si Jesus-Christ doit l'emporter sur Aristote ; il s'agit de prouver que la Religion de Jesus Christ est la véritable, & que celles de Mahomet, des Payens, & toutes les autres sont fausses.

III.
Et cependant sans ce Mystére le plus incompréhensible de tous, nous sommes incompréhensibles à nous-mêmes. Le nœud de notre condition prend ses retours & ses plis dans l'abîme

du Péché originel ; de sorte que l'homme est plus inconcevable sans ce Mystére, que ce Mystére est inconcevable à l'homme.

III. Est ce raisonner que de dire : *L'Homme est inconcevable, sans ce Mystére inconcevable* ? Pourquoi vouloir aller plus loin que l'Ecriture ? N'y a-t'il pas de la témérité à croire qu'elle a besoin d'apui, & que ces idées Philosophiques peuvent lui en donner ?

Qu'auroit répondu Mr Pascal à un homme qui lui auroit dit : Je sai que le Mystére du péché originel est l'objet de ma foi & non de ma raison. Je conçois fort bien sans Mystére ce que c'est que l'Homme ; je vois qu'il vient au monde comme les autres Animaux ; que l'accouchement des meres est plus douloureux à mesure qu'elles sont plus délicates ; que quelquefois des femmes & des animaux femelles meurent dans l'enfantement ; qu'il y a quelquefois des enfans mal organisés qui vivent privés d'un ou deux sens & de la faculté du raisonnement ; que ceux qui sont les mieux organisés sont ceux qui ont les passions les plus vives ; que l'amour de soi-même est égal chez tous les hommes, & qu'il leur est aussi nécessaire que les cinq sens ; que cet amour propre nous est donné de Dieu pour la conservation de notre Etre, & qu'il nous a donné la Religion pour régler cet amour propre ; que nos idées sont justes, ou inconséquentes, obscures ou lumineuses, selon que nos organes sont plus ou moins solides, plus ou moins déliés, & selon que nous sommes plus ou moins passionnés ; que nous dépendons en tout de l'air qui nous environne, des alimens que nous prenons, & que dans tout cela il n'y a rien de contradictoire.

L'homme n'est pas une énigme, comme vous vous le figurez, pour avoir le plaisir de la deviner. L'homme paroît être à sa place dans la Nature, supérieur aux animaux auxquels il est semblable par les organes, inférieur à d'autres Etres auxquels il ressemble probablement par la pensée. Il est comme tout ce que nous voyons mêlé de mal & de bien, de plaisir & de peine. Il est pourvû de passions pour agir, & de raison pour gouverner ses actions. Si l'Homme étoit parfait, il seroit Dieu, & ces prétendues contrariétés que vous appellez contradictions, sont les ingrédiens nécessaires qui entrent dans le composé de l'Homme, qui est comme le reste de la Nature ce qu'il doit être. Voilà ce que la raison peut dire ; ce n'est donc point la raison qui apprend aux hommes la chûte de la Nature humaine, c'est la Foi seule à laquelle il faut avoir recours.

IV.

Suivons nos mouvemens, observons-nous nous-mêmes, & voyons si nous n'y trouverons pas les caractéres vivans de ces deux natures.

Tant de contradictions se trouveroient-elles dans un sujet simple ?

Cette duplicité de l'Homme est si visible, qu'il y en a qui ont pensé que nous avions deux ames, un sujet simple leur paroissant incapable de telles & si soudaines variétés, d'une présomption démesurée à un horrible abbatement de cœur.

IV. Nos diverses volontés ne sont point des contradictions dans la Nature, & l'Homme n'est point un sujet simple. Il est composé d'un nombre innombrable d'organes. Si un seul de ses organes est un peu altéré, il est nécessaire qu'il change toutes les impressions du cerveau, & que l'animal ait de nouvelles pensées & de nouvelles volontés. Il est très-vrai que nous sommes tantôt abatus de tristesse, tantôt enflés de présomption, & cela doit être quand nous nous trouvons dans des situations opposées. Un Animal que son Maître caresse & nourrit, & un autre qu'on égorge lentement & avec adresse pour en faire une dissection, éprouvent des sentimens bien contraires; aussi faisons-nous, & les différences qui sont en nous sont si peu contradictoires, qu'il seroit contradictoire qu'elles n'existassent pas. Les fous qui ont dit que nous avions deux ames, pouvoient par la même raison nous en donner trente ou quarante; car un homme dans une grande passion a souvent trente ou quarante idées différentes de la même chose, & doit nécessairement les avoir selon que cet objet lui paroît sous différentes faces.

Cette prétendue duplicité de l'Homme est une idée aussi absurde que métaphysique; j'aimerois autant dire que le Chien qui mord & qui caresse est double; que la Poule qui a tant de soin de ses petits, & qui ensuite les abandonne jusqu'à les méconnoître, est double; que la Glace qui représente des objets différens est double; que l'Arbre qui est tantôt chargé, tantôt dépouillé de feuilles, est double. J'avoue que l'Homme est inconcevable en un sens, mais tout le reste de la Nature l'est aussi, & il n'y a pas plus de contradictions apparentes dans l'Homme que dans tout le reste.

V.

Ne point parier que Dieu est, c'est parier qu'il n'est pas. Lequel prendrez-vous donc ? Pensons le gain & la perte en prenant le parti de croire que Dieu est. Si vous gagnez, vous gagnez tout, si vous perdez, vous ne perdez rien; pariez donc qu'il est sans hésiter. Oui, il faut gager; mais je gage peut-être trop. Voyons, puis-

qu'il y a pareil hazard de gain & de perte, quand vous n'auriez que deux vies à gagner pour une, vous pourriez encore gager.

V. Il est évidemment faux de dire : Ne point parier que Dieu est, c'est parier qu'il n'est pas. Car celui qui doute & demande à s'éclaircir, ne parie assûrément ni pour ni contre.

D'ailleurs cet article paroît un peu indécent & puérile : cette idée de jeu, de perte & de gain, ne convient point à la gravité du sujet.

De plus, l'intérêt que j'ai à croire une chose, n'est pas une preuve de l'existence de cette chose. Je vous donnerai, me dites-vous, l'Empire du Monde, si je crois que vous ayez raison. Je souhaite alors de tout mon cœur que vous ayez raison, mais jusqu'à ce que vous me l'ayez prouvé, je ne puis vous croire. Commencez, pourroit on dire à Mr Pascal, par convaincre ma raison : j'ai intérêt sans doute, qu'il y ait un Dieu ; mais si dans votre Systême Dieu n'est venu que pour si peu de personnes, si le petit nombre des Elûs est si effrayant, si je ne puis rien du tout par moi-même, dites-moi, je vous prie, quel intérêt j'ai à vous croire ? N'ai-je pas un intérêt visible à être persuadé du contraire ? De quel front osez-vous me montrer un bonheur infini, auquel d'un million d'hommes, un seul à peine a droit d'aspirer ? Si vous voulez me convaincre, prenez-vous-y d'une autre façon, & n'allez pas tantôt me parler de jeu de hazard, de pari, de croi & de pile, & tantôt m'effrayer par les épines que vous semez sur le chemin que je veux & que je dois suivre. Votre raisonnement ne serviroit qu'à faire des Athées, si la voix de toute la nature ne nous crioit qu'il y a un Dieu, avec autant de force que ces subtilités ont de foiblesses.

VI.

En voyant l'aveuglement & la misére de l'homme & ces contrariétés étonnantes qui se découvrent dans sa nature, & regardant tout l'univers muet, & l'homme sans lumiére, abandonné à lui-même & comme égaré dans ce recoin de l'univers, sans savoir qui l'y a mis, ce qu'il y est venu faire, ce qu'il deviendra en mourant, j'entre en effroi comme un homme qu'on auroit porté endormi dans une Isle déserte & effroyable, & qui s'éveilleroit sans connoître où il est, & sans avoir aucun moyen d'en sortir; & sur cela j'admire comment on n'entre pas en desespoir d'un si misérable état.

VI. En lisant cette refléxion, je reçois une Lettre d'un de mes amis qui demeure dans un Pays fort éloigné (*). Voici ses paroles:

,, Je suis ici comme vous m'y avez laissé,
,, ni plus gai, ni plus triste, ni plus riche, ni
,, plus pauvre, jouissant d'une santé parfaite,
,, ayant tout ce qui rend la vie agréable; sans
,, amour, sans avarice, sans ambition & sans
,, envie, & tant que cela durera, je m'apel-
,, lerai hardiment un homme très-heureux.

Il y a beaucoup d'hommes aussi heureux que lui: Il en est des hommes, comme des animaux; tel Chien couche & mange avec sa Maîtresse, tel autre tourne la broche, & est tout aussi content, tel autre devient enragé, & on le tue. Pour moi, quand je regarde Paris ou Londres, je ne vois aucune raison pour entrer dans ce desespoir dont parle Mr Pascal; je vois une Ville qui ne ressemble en rien à une isle déserte, mais peuplée, opulente, poli-

---

(*) *Il a depuis été Ambassadeur, & est devenu un homme très-considérable. Sa Lettre est de 1728. Elle existe en original.*

cée, & où les hommes sont heureux autant que la nature humaine le comporte. Quel est l'homme sage qui sera plein de desespoir, parce qu'il ne sait pas la nature de sa pensée, parce qu'il ne connoît que quelques attributs de la Matière, parce que Dieu ne lui a pas révélé ses secrets ? Il faudroit autant se desespérer de n'avoir pas quatre pieds & deux aîles.

Pourquoi nous faire horreur de notre être ? notre existence n'est point si malheureuse qu'on veut nous le faire accroire. Regarder l'Univers comme un Cachot, & tous les hommes comme des criminels qu'on va exécuter, est l'idée d'un Fanatique ; croire que le Monde est un lieu de délices où l'on ne doit avoir que du plaisir, c'est la rêverie d'un Sibarite. Penser que la Terre, les Hommes & les Animaux sont ce qu'ils doivent être dans l'ordre de la Providence, est, je crois, d'un homme sage.

VII.

Les Juifs pensent que Dieu ne laissera pas éternellement les autres Peuples dans ces ténèbres ; qu'il viendra un Libérateur pour tous, qu'ils sont au monde pour l'annoncer, qu'ils sont formés exprès pour être les Hérauts de ce grand Avénement, & pour appeller tous les Peuples à s'unir à eux dans l'attente de ce Libérateur.

VII. Les Juifs ont toujours attendu un Libérateur ; mais leur Libérateur est pour eux & non pour nous ; ils attendent un Messie qui rendra les Juifs maîtres des Chrétiens, & nous espérons que le Messie réunira un jour les Juifs aux Chrétiens ; ils pensent précisément sur cela le contraire de tout ce que nous pensons.

VIII.

La Loi par laquelle ce Peuple est gouverné, est tout ensemble la plus ancienne Loi du Monde, la plus parfaite & la seule qui ait toujours été gardée sans interruption dans un Etat. C'est ce que Philon Juif montre en divers lieux, & Josephe admirablement contre l'Appien, où il fait voir qu'elle est si ancienne, que le nom même de Loi n'a été connu des plus anciens, que plus de mille ans après ; en sorte qu'Homére qui a parlé de tant de Peuples, ne s'en est jamais servi ; & il est aisé de juger de la perfection de cette Loi par sa simple lecture, où l'on voit qu'on y a pourvû à toutes choses avec tant de sagesse, tant d'équité, tant de jugement, que les plus anciens Législateurs Grecs & Romains en ayant quelque lumière, en ont emprunté leurs principales Loix ; ce qui paroît par celle qu'ils appellent des douze Tables, & par les autres preuves que Josephe en donne.

VIII. Il est très-faux que la Loi des Juifs soit la plus ancienne, puisqu'avant Moïse leur Législateur, ils demeuroient en Egypte le pays de la Terre le plus renommé pour ses sages Loix, par lesquelles les Rois étoient jugés après la mort.

Il est très-faux que le nom de Loi n'ait été connu qu'après Homére : il parle des Loix de Minos dans l'Odissée. Le mot de Loi est dans Hésiode : & quand le nom de Loi ne se trouveroit ni dans Hésiode, ni dans Homére, cela ne prouveroit rien. Il y avoit des Rois & des Juges ; donc il y avoit des Loix.

Il est encore très-faux que les Grecs & les Romains ayent pris des Loix des Juifs. Ce ne peut-être dans les commencemens de leurs Républiques, car alors ils ne pouvoient connoître les Juifs : ce ne peut être dans le tems de leur grandeur, car alors ils avoient pour ces Barbares un mépris connu de toute la Terre. Voyez comme Cicéron les traite en parlant de la prise de Jérusalem par Pompée.

IX.

Ce Peuple est encore admirable dans sa sincérité. Ils gardent avec amour & fidélité le Livre où Moïse déclare qu'ils ont toujours été ingrats envers Dieu, & qu'il sait qu'ils le seront encore plus après sa mort ; mais qu'il apelle le Ciel & la Terre à témoin contre eux, qu'il le leur a assez dit ; qu'enfin Dieu s'irritant contre eux, les dispersera par tous les Peuples de la Terre : que comme ils l'ont irrité en adorant des Dieux qui n'étoient point leurs Dieux, il les irritera en apellant un Peuple qui n'étoit pas son Peuple. Cependant ce Livre qui les deshonore en tant de façons, ils le conservent aux dépens de leur vie ; c'est une sincérité qui n'a point d'exemple dans le monde, ni sa racine dans la nature.

IX. Cette sincérité a par tout des exemples & n'a sa racine que dans la Nature. L'orgueil de chaque Juif est intéressé à croire que ce n'est point sa détestable politique, son ignorance des Arts, sa grossiéreté qui l'a perdu ; mais que c'est la colère de Dieu qui le punit ; il pense avec satisfaction qu'il a fallu des miracles pour l'abattre, & que sa Nation est toujours la bien-aimée du Dieu qui la châtie.

Qu'un Prédicateur monte en chaire, & dise aux Français : *Vous êtes des misérables qui n'avez ni cœur ni conduite ; vous avez été battus à Hochstet & à Ramilly, parce que vous n'avez pas sû vous défendre*, il se fera lapider ; mais s'il dit : ,, Vous êtes des Catholi-,, ques chéris de Dieu, vos péchés infâmes ,, avoient irrité l'Eternel qui vous livra aux ,, hérétiques à Hochstet & à Ramilly ; mais

,, quand vous êtes revenus au Seigneur, alors
,, il a béni votre courage à Dénain ; ces pa-
,, roles le feront aimer de l'Auditoire.

X.

S'il y a un Dieu, il ne faut aimer que lui & non les créatures.

X. Il faut aimer & très-tendrement les créatures ; il faut aimer sa Patrie, sa femme, son pere, ses enfans, & il faut si bien les aimer que Dieu nous les fait aimer malgré nous. Les principes contraires sont propres à faire des raisonneurs inhumains ; & cela est si vrai que Pascal abusant de ce principe traitoit sa sœur avec dureté & rebutoit ses services, de peur de paroître aimer une créature ; c'est ce qui est écrit dans sa Vie. S'il falloit en user ainsi quelle seroit la Société humaine ?

XI.

Nous naissons injustes, car chacun tend à soi, cela est contre tout ordre. Il faut tendre au général, & la pente vers soi est le commencement de tout désordre en guerre, en police, en œconomie, &c.

XI. Cela est selon tout ordre ; il est aussi impossible qu'une société puisse se former & subsister, sans amour propre, qu'il seroit impossible de faire des enfans sans concupiscence, de songer à se nourir sans apétit. C'est l'amour de nous-mêmes qui assiste l'amour des autres, c'est par nos besoins mutuels que nous sommes utiles au genre humain, c'est le fondement de tout commerce, c'est l'éternel lien des hommes, sans lui il n'y auroit pas eu un Art inventé, ni une société de dix personnes formée ; c'est cet amour propre que chaque animal a reçu de la nature, qui nous avertit de respecter celui des autres. La Loi dirige cet amour propre & la Religion le perfectionne. Il est bien vrai que Dieu auroit pû faire des créatures uniquement attentives au bien d'autrui ; dans ce cas les Marchands auroient été aux Indes par charité, & le Maçon eût scié de la pierre pour faire plaisir à son prochain. Mais Dieu a établi les choses autrement, n'accusons point l'instinct qu'il nous donne, & faisons-en l'usage qu'il commande.

XII.

Le sens caché des Prophéties, ne pouvoit induire en erreur, si il n'y avoit qu'un Peuple aussi charnel que celui-là qui s'y pût méprendre.

Car quand les biens sont promis en abondance, qui les empêchoit d'entendre les véritables biens, sinon leur cupidité qui déterminoit ce sens aux biens de la terre ?

XII. En bonne foi le Peuple le plus spirituel de la terre, l'auroit-il entendu autrement ? Ils étoient esclaves des Romains ; ils attendoient un Libérateur qui les rendroit victorieux, & qui feroit respecter Jérusalem dans tout le monde ; comment avec les lumières de leur raison, pouvoient-ils voir ce Vainqueur, ce Monarque dans Jésus pauvre & mis en croix ? Comment pouvoient-ils entendre par nom de leur Capitale une Jérusalem céleste, eux à qui le Décalogue n'avoit pas seulement parlé de l'immortalité de l'ame ? Comment un Peuple si attaché à la Loi pouvoit-il sans une lumière supérieure, reconnoître dans les Prophéties qui n'étoient pas leur Loi, un Dieu caché sous la figure d'un Juif circoncis, qui par sa Religion nouvelle a détruit & rendu abominables la Circoncision & le Sabbat, fondemens sacrés de la Loi Judaïque ? Adorons Dieu sans vouloir percer ses Mystères.

XIII.

Le tems du premier avénément de Jésus-

Chriſt eſt prédit, le tems du ſecond ne l'eſt point, parce que le premier devoit être caché; au lieu que le ſecond doit être éclatant, & tellement manifeſte que ſes ennemis meme le reconnoîtront.

XIII. Le tems du ſecond avénément de Jeſus-Chriſt a été prédit encore plus clairement que le premier; Mr Paſcal avoit aparemment oublié que Jeſus-Chriſt dans le Chapitre vingt & un de S. Luc dit expreſſément:

,, Lorſque vous verrez une Armée environ-
,, ner Jeruſalem, ſachez que la déſolation eſt
,, proche. Jeruſalem ſera foulée aux pieds,
,, & il y aura des Signes dans le Soleil & dans
,, la Lune & dans les Étoiles; les flots de la
,, Mer feront un très-grand bruit. Les vertus
,, des Cieux ſeront ébranlées, & alors ils ver-
,, ront le fils de l'homme qui viendra ſur une
,, nuée avec une grande puiſſance & une gran-
,, de majeſté. Cette génération ne paſſera pas
,, que ces choſes ne ſoient accomplies.

Cependant la génération paſſa & ces choſes ne s'accomplirent point à la lettre. En quelque tems que S. Luc ait écrit, il eſt certain que Titus prit Jeruſalem & qu'on ne vit ni de Signes dans les Étoiles, ni le Fils de l'Homme dans les nuées. Mais enfin ſi ce ſecond avénément n'eſt point encore arrivé, ſi cette prédiction ne s'eſt point accomplie dans le tems qui paroît marqué, c'eſt à nous de nous taire, de ne point interroger la Providence, & de croire tout ce que l'Egliſe enſeigne.

XIV.

Le Meſſie, ſelon les Juifs charnels, doit être un grand Prince temporel. Selon les Chrétiens charnels, il eſt venu nous diſpenſer d'aimer Dieu, & nous donner des Sacremens qui opérent tout ſans nous: ni l'un ni l'autre n'eſt la Religion Chrétienne ni Juive.

XIV. Cet Article est bien plûtôt un trait de satire qu'une reflexion chrétienne. On voit que c'est aux Jesuites qu'on en veut ici ; mais en vérité aucun Jesuite a-t'il jamais dit que Jesus-Christ est *venu nous dispenser d'aimer Dieu* ? La dispute sur l'amour de Dieu est une pure dispute de mots, comme la plûpart des autres querelles scientifiques, qui ont causé des haines si vives & des malheurs si affreux. Il paroît encore un autre défaut dans cet Article. C'est qu'on y suppose que l'attente d'un Messie étoit un point de Religion chez les Juifs, c'étoit seulement une idée consolante répandue parmi cette Nation. Les Juifs espéroient un Libérateur ; mais il ne leur étoit pas ordonné d'y croire, comme article de foi. Toute leur Religion étoit renfermée dans le Livre de la Loi. Les Prophétes n'ont jamais été regardés par les Juifs comme Législateurs.

XV.

Pour examiner les Prophéties il faut les entendre. Car si l'on croit qu'elles n'ont qu'un sens, il est sûr que le Messie ne sera point venu; mais si elles ont deux sens, il est sûr qu'il sera venu en Jesus-Christ.

XV. La Religion Chrétienne est si véritable qu'elle n'a pas besoin de preuves douteuses. Or si quelque chose pouvoit ébranler les fondemens de cette sainte & raisonnable Religion, c'est ce sentiment de Mr Pascal. Il veut que tout ait deux sens dans l'Ecriture ; mais un homme qui auroit le malheur d'être incrédule, pourroit lui dire : Celui qui donne deux sens à ses paroles, veut tromper les hommes, & cette duplicité est toujours punie par les Loix ; comment donc pouvez vous, sans rougir, admettre dans Dieu ce qu'on punit & ce qu'on déteste dans les hommes ? Que dis je ! avec quel mépris & avec quelle indignation ne traitez-vous pas les Oracles des Payens, parce qu'ils avoient deux sens ? Qu'une Prophétie soit accomplie à la lettre, oserez-vous soutenir que cette Prophétie est fausse, parce qu'elle ne sera vraye qu'à la lettre, parce qu'elle ne répondra pas à un sens mystique qu'on lui donnera ? Non sans doute, cela seroit absurde. Comment donc une Prophétie qui n'aura pas été réellement accomplie, deviendra-t'elle vraie dans un sens mystique ? Quoi ! de vraie vous ne pouvez pas la rendre fausse ; & de fausse vous ne pourriez pas la rendre vraie ? voilà une étrange difficulté. Il faut s'en tenir à la Foi seule dans ces matiéres ; c'est le seul moyen de finir toute dispute.

XVI.

La distance infinie des Corps aux Esprits, figure la distance infiniment plus infinie des Esprits à la Charité ; car elle est surnaturelle.

XVI. Il est à croire que Mr Pascal n'auroit pas employé ce galimathias dans son Ouvrage, s'il avoit eu le tems de le faire.

XVII.

Les foiblesses les plus apparentes sont des forces à ceux qui prennent bien les choses. Par exemple, les deux Généalogies de Saint Mathieu & de Saint Luc, il est visible que cela n'a pas été fait de concert.

XVII. Les Editeurs des Pensées de Pascal auroient-ils dû imprimer cette pensée, dont l'exposition seule est peut-être capable de faire tort à la Religion ? A quoi bon dire que ces Généalogies, ces points fondamentaux de la Religion Chrétienne, se contrarient, sans dire en quoi elles peuvent s'accorder ? Il falloit présenter l'antidote avec le poison. Que penseroit-on d'un Avocat qui diroit : Ma Partie se contredit ; mais cette foiblesse est une force pour ceux qui savent bien prendre les choses.

XVIII.

XVIII.

Qu'on ne nous reproche donc plus le manque de clarté, puisque nous en faisons profession mais que l'on reconnoisse la vérité de la Religion, dans le peu de lumiere que nous en avons, & dans l'indifférence que nous avons de la connoître.

XVIII. Voilà d'étranges marques de vérité qu'apporte Pascal. Quelles autres marques a donc le mensonge? Quoi! il suffiroit pour être cru de dire, *je suis obscure, je suis inintelligible* ; il seroit bien plus sensé de ne présenter aux yeux que les lumieres de la Foi, au lieu de ces ténébres d'érudition.

XIX.

S'il n'y avoit qu'une Religion, Dieu seroit trop manifeste.

XIX. Quoi! vous dites que s'il n'y avoit qu'une Religion, Dieu seroit trop manifeste? Eh oubliez-vous que vous dites à chaque page, qu'un jour il n'y aura qu'une Religion ; selon vous, Dieu sera donc alors trop manifeste?

XX.

Je dis que la Religion Juive ne consistoit en aucune de ces choses, mais seulement en l'amour de Dieu ; & que Dieu réprouvoit toutes les autres choses.

XX. Quoi! Dieu réprouvoit tout ce qu'il ordonnoit lui-même avec tant de soin aux Juifs, & dans un détail si prodigieux? N'est-il pas plus vrai de dire que la Loi de Moïse consistoit & dans l'amour, & dans le culte? Ramener tout à l'amour de Dieu, sent bien moins l'amour de Dieu, que la haine que tout Janséniste a pour son prochain Moliniste.

XXI.

La chose la plus importante à la vie, c'est le choix d'un Métier ; le hazard en dispose, la coutume fait les Maçons, les Soldats, les Couvreurs.

XXI. Qui peut donc déterminer les Soldats, les Maçons & tous les Ouvriers méchaniques, sinon ce qu'on apelle hazard & la coutume ? Il n'y a que les Arts de génie auxquels on se détermine de soi-même ; mais pour les Métiers que tout le monde peut faire, il est très-naturel & très-raisonnable que la coutume en dispose.

XXII.
Que chacun examine sa pensée, il la trouvera toujours occupée au passé & à l'avenir. Nous ne pensons presque point au présent, & si nous y pensons, ce n'est que pour en prendre la la lumière pour disposer l'avenir. Le présent n'est jamais notre but ; le passé & le présent sont nos moyens, le seul avenir est notre objet.

XXII. Il est faux que nous ne pensions point au présent, nous y pensons en étudiant la Nature, & en faisant toutes les fonctions de la vie nous pensons aussi beaucoup au futur Remercions l'Auteur de la Nature de ce qu'il nous donne cet instinct qui nous emporte sans cesse vers l'avenir : le trésor le plus précieux de l'homme est cette *espérance* qui nous adoucit nos chagrins, & qui nous peint des plaisirs futurs dans la possession des plaisirs présens. Si les hommes étoient assez malheureux pour ne s'occuper jamais que du présent, on ne semeroit point, on ne bâtiroit point, on ne planteroit point, on ne pourvoyeroit à rien, on manqueroit de tout au milieu de cette fausse jouissance. Un esprit comme Mr Pascal, pouvoit-il donner un lieu commun aussi faux que celui-là ? La Nature a établi que chaque homme jouiroit du présent en se nourissant, en faisant des enfans, en écoutant des sons agréables, en occupant sa faculté de penser & de sentir ; & qu'en sortant de ces états, souvent au milieu de ces états même, il penseroit au lendemain, sans quoi il périroit de misère aujourd'hui. Il n'y a que les enfans & les imbéciles qui ne pensent qu'au présent ; faudra t'il leur ressembler ?

XXIII.

Mais quand j'y regardé de plus près, j'ai trouvé que cet éloignement que les hommes ont du repos, & demeurer avec eux-mêmes, vient d'une cause bien effective, c'est-à-dire, du malheur naturel de notre condition foible & mortelle, & si misérable que rien ne peut nous consoler, lorsque rien ne nous empêche d'y penser, & que nous ne voyons que nous.

XXIII. Ce mot *ne voir que nous*, ne forme aucun sens. Qu'est-ce qu'un homme qui n'agiroit point, & qui est supposé se contempler ? Non-seulement je dis que cet homme seroit un imbécile, inutile à la Société ; mais je dis que cet homme ne peut exister. Car que cet homme contempleroit-il ? son corps, ses pieds, ses mains, ses cinq Sens ? Ou il seroit un idiot, ou bien il feroit usage de tout cela ; resteroit-il à contempler sa faculté de penser ? Mais il ne peut contempler cette faculté qu'en l'exerçant, ou il ne pensera à rien, ou bien il pensera aux idées qui lui sont déja venues, ou il en composera de nouvelles ; or il ne peut avoir d'idées que du dehors. Le voilà donc nécessairement occupé, ou de ses sens, ou de ses idées, le voilà donc hors de soi, ou imbécile.

Encore une fois il est impossible à la Nature humaine de rester dans cet engourdissement imaginaire ; il est absurde de le penser, il est insensé d'y prétendre. L'homme est né pour l'action, comme le feu tend en haut & la pierre en bas. N'être point occupé, & n'exister pas, est la même chose pour l'homme ; toute la différence consiste dans les occupations douces ou tumultueuses, dangereuses, ou inutiles.

XXIV.

Les hommes ont un instinct secret qui les porte à chercher le divertissement & l'occupation au dehors, qui vient du ressentiment de leur misère continuelle ; & ils ont un autre instinct qui reste de la grandeur de leur première nature, qui leur fait connoître que le bonheur n'est en effet que dans le repos.

XXIV. Cet instinct secret étant le premier principe & le fondement nécessaire de la Société, il vient plutôt de la bonté de Dieu, & il est plutôt l'instrument de notre bonheur, qu'il n'est le ressentiment de notre misère. Je ne sai pas ce que nos premieres peres faisoient dans le Paradis terrestre ; mais si chacun d'eux n'avoit pensé qu'à soi, l'existence du Genre humain étoit bien hazardée. N'est-il pas absurde de penser qu'ils avoient des sens parfaits, c'est-à-dire, des instrumens d'actions parfaits, uniquement pour la contemplation ? Et n'est-il pas plaisant que des têtes pésantes, puissent imaginer que la paresse est un titre de grandeur, & l'action un rabaissement de notre nature ?

XXV.

C'est pourquoi lorsque Cinéas disoit à Pirrus qui se proposoit de jouir du repos avec ses amis, après avoir conquis une grande partie du Monde, qu'il feroit mieux d'avancer lui-même son bonheur, en jouissant dés lors de ce repos, sans l'aller chercher par tant de fatigues : il lui donnoit un conseil qui recevoit de grandes difficultés, & qui n'étoit guéres plus raisonnable que le dessein de ce jeune Ambitieux : l'un & l'autre supposoit que l'homme se pût contenter de soi-même & de ses biens présens, sans remplir le vuide de son cœur d'espérances imaginaires, ce qui est faux ; Pirrus ne pouvoit être heureux, *ni devant*, *ni après avoir conquis le Monde*.

XXV. L'exemple de Cinéas est bon dans les Satires de Despreaux, mais non dans un Livre Philosophique. Un Roi sage peut être heureux chez lui. & de ce qu'on nous donne Pirrus pour un fou, cela ne conclud rien pour le reste des hommes.

XXVI.

On doit donc reconnoître que l'homme est si malheureux, qu'il s'ennuyeroit même sans aucune cause étrangere d'ennui, par le propre état de sa condition.

XXVI. Au contraire, l'homme est si heureux en ce point, & nous avons tant d'obligation à l'Auteur de la Nature, qu'il a attaché l'ennui à l'inaction, afin de nous forcer par-là à être utiles au prochain & à nous-mêmes,

XXVII.

D'où vient que cet homme qui a perdu depuis peu son fils unique, & qui accablé de procés & de querelles, étoit ce matin si troublé, n'y pense plus maintenant ? Ne vous en étonnez pas : il est tout occupé à voir par où passera un cerf que ses chiens poursuivent avec ardeur depuis six heures. Il n'en faut pas davantage pour l'homme, quelque plein de tristesse qu'il soit, si l'on peut gagner sur lui de le faire entrer en queque divertissement, le voilà heureux pendant ce tems là.

XXVII. Cet homme fait à merveille, la dissipation est un reméde plus sûr contre la douleur, que le Quinquina contre la fiévre; ne blâmons point en cela la Nature, qui est toujours prête à nous secourir. Louis XIV. alloit à la chasse le jour qu'il avoit perdu quelqu'un de ses enfans, & il faisoit fort sagement.

XXVIII.

Qu'on s'imagine un nombre d'hommes dans les chaînes, & tous condamnés à la mort, dont les uns étant chaque jour égorgés à la vûe des autres, ceux qui restent voyent leur propre condition dans celle de leurs semblables, & se regardent les uns les autres avec douleur, & sans espérance attendent leur tour. C'est l'image de la condition des hommes.

XXVIII. Cette comparaison assurément n'est pas juste ; des malheureux enchaînés qu'on égorge l'un après l'autre sont malheureux, non-seulement parce qu'ils souffrent, mais encore parce qu'ils éprouvent ce que les autres hommes ne souffrent pas. Le sort naturel d'un homme n'est ni d'être enchaîné, ni d'être égorgé ; mais tous les hommes sont faits comme les animaux, les Plantes pour croître, pour vivre un certain tems, pour produire leur semblable, & pour mourir. On peut dans une Satire montrer l'Homme tant qu'on voudra du mauvais côté ; mais pour peu qu'on se serve de sa raison, on avouera que de tous les animaux l'homme est le plus parfait, le plus heureux, & celui qui vit le plus long-tems. Au lieu donc de nous étonner & de nous plaindre du malheur & de la brièveté de la vie, nous devons nous étonner, & nous féliciter de notre bonheur & de la durée. A ne raisonner qu'en Philosophe, j'ose dire qu'il y a bien de l'orgueil & de la témérité à prétendre, que par notre nature nous devons être mieux que nous ne sommes.

XXIX.

Car enfin si l'Homme n'avoit pas été corrompu, il jouiroit de la vérité, & de la félicité avec assurance, &c. tant il est manifeste que nous avons été dans un degré de perfection dont nous sommes tombés.

XXIX. Il est sûr par la Foi & par notre Révélation, si au-dessus des lumières des hommes, que nous sommes tombés; mais rien n'est moins manifeste par la Raison. Car je voudrois bien savoir si Dieu ne pouvoit pas sans déroger à sa justice créer l'homme tel qu'il est aujourd'hui; & ne l'a-t'il pas même créé pour devenir ce qu'il est? L'état présent de l'Homme n'est-il pas un bienfait du Créateur? Qui vous a dit que Dieu vous en devoit davantage? Qui vous a dit que votre être exigeoit plus de connoissances & plus de bonheur? Qui vous a dit qu'il en comporte davantage? Vous vous étonnez que Dieu a fait l'Homme si borné, si ignorant, si peu heureux; que ne vous étonnez-vous qu'il ne l'ait pas fait plus borné, plus ignorant, plus malheureux? Vous vous plaignez d'une vie si courte & si infortunée, remerciez Dieu de ce qu'elle n'est pas plus courte & plus malheureuse. Quoi donc! selon vous, pour raisonner conséquemment il faudroit que tous les hommes accusassent la Providence, hors les Métaphysiciens qui raisonnent sur le Péché originel!

XXX.

Le Péché originel est une folie devant les hommes; mais on le donne pour tel.

XXX. Par quelle contradiction trop palpable dites-vous donc que ce Péché originel est manifeste? Pourquoi dites vous que tout nous en avertit? Comment peut-il en même tems être une folie, & être démontré par la Raison?

XXXI.

Les Sages parmi les Payens qui ont dit qu'il n'y a qu'un Dieu, ont été persécutés, les Juifs haïs, les Chrétiens encore plus.

XXXI. Ils ont été quelquefois persécutés,

de même que le seroit aujourd'hui un homme qui viendroit enseigner l'adoration d'un Dieu indépendante du Culte reçu. Socrate n'a pas été condamné pour avoir dit, *il n'y a qu'un Dieu*; mais pour s'être élevé contre le Culte extérieur du Pays, & pour s'être fait des ennemis puissans fort mal à propos. A l'égard des Juifs, ils étoient haïs, non parce qu'ils ne croyoient qu'un Dieu, mais parce qu'ils haïssoient ridiculement les autres Nations; parce que c'étoient des Barbares, qui massacroient sans pitié leurs ennemis vaincus; parce que ce vil Peuple superstitieux, ignorant, privé des Arts, privé du Commerce, méprisoit les Peuples les plus policés. Quant aux Chrétiens, ils étoient haïs des Payens, parce qu'ils tendoient à abattre la Religion & l'Empire, dont ils vinrent enfin à bout; comme les Protestans se sont rendus les maîtres dans les mêmes Pays où ils furent long-tems haïs, persécutés, & massacrés.

XXXII.

Combien les Lunettes nous ont-elles découvert d'Astres qui n'étoient point pour nos Philosophes d'auparavant! On attaquoit hardiment l'Ecriture, sur ce qu'on y trouve, en tant d'endroits, du grand nombre des Etoiles: il n'y en a que 1022, *disoit-on, nous le savons.*

XXXII. Il est certain que la sainte Ecriture en matiére de Physique, s'est toujours proportionnée aux idées reçues; ainsi elle supose que la Terre est immobile, que le Soleil marche, &c. Ce n'est point du tout par un rafinement d'Astronomie qu'elle dit, que les Etoiles sont innombrables; mais pour s'accorder aux idées vulgaires. En effet, quoique nos yeux ne decouvrent qu'environ 1022 Etoiles, & encore avec bien de la peine, cependant quand on regarde le Ciel fixement, la vûe éblouïe croit alors en voir une infinité; l'Ecriture parle donc selon ce préjugé vulgaire, car elle ne nous a pas été donnée pour faire de nous des Physiciens, & il y a grande apparence que Dieu ne révéla ni à Abacuc, ni à Baruc, ni à Michée, qu'un jour un Anglais nommé Famstead, mettroit dans son Catalogue près de 3000. Etoiles aperçues avec le Télescope.

Voyez, je vous prie, quelle conséquence on tireroit du sentiment de Pascal. Si les Auteurs de la Bible ont parlé du grand nombre des Etoiles en connoissance de cause, ils étoient donc inspirés sur la Physique. Et comment de si grands Physiciens ont ils pû dire que la Lune s'est arrêtée à midi sur Aïalon, & le Soleil sur Gabaon, dans la Palestine; qu'il faut que le Bled pourisse pour germer & produire, & cent autres choses semblables?

Concluons donc que ce n'est pas la Physique, mais la Morale qu'il faut chercher dans la Bible, qu'elle doit faire des Chrétiens, & non des Philosophes.

XXXIII.
Est-ce courage à un homme mourant d'aller dans la foiblesse & dans l'agonie affronter un Dieu tout-puissant & éternel ?

XXXIII. Cela n'est jamais arrivé, & ce ne peut être que dans un violent transport au cerveau, qu'un homme dise : Je croi un Dieu & je le brave.

XXXIV.
Je crois volontiers les Histoires dont les témoins se font égorger.

XXXIV. La difficulté n'est pas seulement de savoir si on croira des témoins qui meurent pour soutenir leur déposition, comme ont fait tant de Fanatiques ; mais encore si ces témoins sont effectivement morts pour cela, si on a conservé leurs dépositions, s'ils ont habité les Pays où on dit qu'ils sont morts. Pourquoi Josephe né dans le tems de la mort du Christ, Josephe ennemi d'Hérode, Josephe peu attaché au Judaïsme, n'a-t'il pas dit un mot de tout cela ? Voila ce que Mr Pascal eût débrouillé avec succès, comme ont fait depuis tant d'Ecrivains éloquens.

XXXV.

Les Sciences ont deux extrémités qui se touchent, la premiére est la pure ignorance naturelle où se donnent tous les hommes en naissant, l'autre extrémité est celle où arrivent les grandes ames, qui ayant parcouru tout ce que les hommes peuvent savoir, trouvent qu'ils ne savent rien, & se rencontrent dans cette même ignorance d'où ils étoient partis.

XXXV. Cette pensée est un pur sophisme, & la fausseté consiste dans ce mot d'*ignorance* qu'on prend en deux sens différens. Celui qui ne sait ni lire ni écrire est un ignorant ; mais un Mathématicien pour ignorer les principes cachés de la Nature n'est pas au point d'ignorance dont il étoit parti, quand il commença à apprendre à lire. Mr Newton ne savoit pas pourquoi l'homme remue son bras, quand il le veut ; mais il n'en étoit pas moins savant sur le reste : celui qui ne sait point l'Hébreu & qui sait le Latin est savant par comparaison avec celui qui ne sait que le Français.

XXXVI.

Ce n'est pas être heureux que de pouvoir être réjoui par le divertissement ; car il vient d'ailleurs, & de dehors, ainsi il est dépendant & par conséquent sujet à être troublé par mille accidens qui font les afflictions inévitables.

XXXVI. Celui-là est actuellement heureux qui a du plaisir, & ce plaisir ne peut venir que de dehors ; nous ne pouvons avoir de senſations ni d'idées que par les objets extérieurs ; comme nous ne pouvons nourir notre corps qu'en y faiſant entrer des ſubſiſtances étrangeres qui ſe changent en la nôtre.

XXXVII.

L'extrême eſprit eſt accuſé de folie, comme l'extrême défaut ; rien ne paſſe pour bon que la médiocrité.

XXXVII. Ce n'eſt point l'extrême eſprit, c'eſt l'extrême vivacité & volubilité de l'eſprit qu'on accuſe de folie ; l'extrême eſprit eſt l'extrême juſteſſe, l'extrême fineſſe, l'extrême étendue oppoſée diamétralement à la folie.

L'extrême *défaut d'eſprit* eſt une manque de conception, un vuide d'idées ; ce n'eſt point la folie, c'eſt la ſtupidité. La folie eſt un dérangement dans les organes qui fait voir pluſieurs objets trop vîte, ou qui arrête l'imagination ſur un ſeul avec trop d'application & de violence ; ce n'eſt point non plus la médiocrité qui paſſe pour bonne, c'eſt l'éloignement des deux vices oppoſés, c'eſt ce qu'on apelle juſte milieu & non médiocrité. On ne fait cette remarque & quelques autres dans ce goût que pour donner des idées préciſes. C'eſt plutôt pour éclaircir que pour contredire.

XXXVIII.

Si notre condition étoit véritablement heureuſe, il ne faudroit pas nous divertir d'y penſer.

XXXVIII. Notre condition eſt préciſément de penſer aux objets extérieurs avec leſquels nous avons un raport néceſſaire. Il eſt faux qu'on puiſſe divertir un homme de penſer à la condition humaine, car à quelque choſe qu'il aplique ſon eſprit, il l'aplique à quelque choſe de lié néceſſairement à la condition humaine ; & encore une fois penſer à foi avec abstraction des choses naturelles, c'est ne penser à rien, je dis à rien du tout, qu'on y prenne bien garde.

Loin d'empêcher un homme de penser à sa condition, on ne l'entretient jamais que des agrémens de sa condition; on parle à un Savant de réputation & de science, à un Prince de ce qui a rapport à sa grandeur, à tout homme on parle de plaisir.

XXXIX.

Les grands & les petits ont mêmes accidens, mêmes fâcheries & mêmes passions. Mais les uns sont au haut de la roue & les autres près du centre, & ainsi moins agités par les mêmes mouvemens.

XXXIX. Il est faux que les petits soient moins agités que les grands, au contraire leurs desespoirs sont plus vifs, parce qu'ils ont moins de ressource. De cent personnes qui se tuent à Londres & ailleurs, il y en a quatre-vingt-dix-neuf du bas peuple, & à peine une d'une condition relevée. La comparaison de la roue est ingénieuse & fausse.

XL.

On n'aprend pas aux hommes à être honnêtes gens, & on leur aprend tout le reste; & cependant ils ne se piquent de savoir que la seule chose qu'ils n'aprennent point.

XL. On aprend aux hommes à être honnêtes gens, & sans cela peu parviendroient à l'être. Laissez votre fils dans son enfance prendre tout ce qu'il trouvera sous sa main, à quinze ans il volera sur le grand chemin: louez-le d'avoir dit un mensonge, il deviendra faux témoin: flatez sa concupiscence, il sera sûrement débauché; on apprend tout aux hommes, la vertu, la Religion.

XLI.

Le sot projet qu'a eu Montagne de se pein-

dre, & cela non pas en passant & contre ses Maximes, comme il arrive à tout le monde de faillir ; mais par ses propres maximes, & par un dessein premier & principal ! Car de dire des sottises par hazard & par foiblesse, c'est un mal ordinaire ; mais d'en dire à dessein, c'est ce qui n'est pas suportable, & d'en dire de telles que celle-là.

XLI. Le charmant projet que Montagne a eu de se peindre naïvement, comme il a fait ? Car il a peint la Nature humaine ; & le pauvre projet de Nicole, de Mallebranche, de Pascal de décrier Montagne !

XLII.

Lorsque j'ai considéré d'où vient qu'on ajoute tant de foi à tant d'imposteurs, qui disent qu'ils ont des remédes, jusqu'a mettre souvent sa vie entre leurs mains, il m'a paru que la véritable cause est, qu'il y a de vrais remédes : car il ne seroit pas possible qu'il y en eût tant de faux, & qu'on y donnat tant de créance, s'il n'y en avoit de véritables. Si jamais il n'y en avoit eu, & que tous les maux eussent été incurables, il est impossible que les hommes se fussent imaginé qu'ils en pourroient donner, & encore plus, que tant d'autres eussent donné créance à ceux qui se fussent vantés d'en avoir ; de même que si un homme se vantoit d'empêcher de mourir, personne ne le croiroit, parce qu'il n'y a aucun exemple de cela. Mais comme il y a eu quantité de remédes qui se sont trouvés véritables par la connoissance même des plus grands hommes, la créance des hommes s'est pliée par-là ; parce que la chose ne pouvant être niée en général, puisqu'il y a des effets particuliers qui sont véritables, le Peuple qui ne peut pas discerner lesquels d'entre ces effets particuliers sont les véritables, les croit tous. De même ce qui fait qu'on croit tant de faux effets de la Lune, c'est qu'il y en a de vrais, comme le flux de la Mer.

Ainsi il me paroît aussi évidemment qu'il n'y a tant de faux miracles, de fausses révélations, de sortiléges, que parce qu'il y en a de vrais.

XLII. Il me semble que la Nature humaine n'a pas besoin du vrai pour tomber dans le faux. On a imputé mille fausses influences à la Lune, avant qu'on imaginât le moindre raport véritable avec le flux de la Mer. Le premier homme qui a été malade, a cru sans peine le premier Charlatan ; personne n'a vû de Loup-garoux, ni de Sorciers, & beaucoup y ont cru ; personne n'a vû de transmutation de Métaux, & plusieurs ont été ruïnés par la créance de la Pierre Philosophale. Les Romains, les Grecs, les Payens, ne croyoient-ils donc aux faux Miracles, dont ils étoient inondés, que parce qu'ils en avoient vû de véritables ?

XLIII.

Le Port régle ceux qui sont dans un Vaisseau ; mais où trouverons-nous ce point dans la Morale ?

XLIII. Dans cette seule maxime reçue de toutes les Nations : ,, Ne faites pas à au-
,, trui, ce que vous ne voudriez pas qu'on
,, vous fît.

XLIV.

Ferox gens nullam esse vitam sine armis putat. *Ils aiment mieux la mort que la paix : les autres aiment mieux la mort que la guerre. Toute opinion peut être préférée à la vie dont l'amour paroît si fort & si naturel.*

XLIV. C'est des Catalans que Tacite a dit cela ; mais il n'y en a point dont on ait dit & dont on puisse dire *elle aime mieux la mort que la guerre.*

XLV.

A mesure qu'on a plus d'esprit, on trouve qu'il y a plus d'hommes originaux. Les gens du commun ne trouvent pas de différence entre les hommes.

XLV. Il a très-peu d'hommes vraiment originaux : presque tous se gouvernent, pensent & sentent par l'influence de la coutume & de l'éducation. Rien n'est si rare qu'un esprit qui marche dans une route nouvelle ; mais parmi cette foule d'hommes qui vont de compagnie, chacun a de petites différences dans la démarche, que les vûes fines aperçoivent.

XLVI.

Il y a donc deux sortes d'esprits ; l'un de pénétrer vivement & profondément les conséquences des principes, & c'est-là l'esprit de justesse ; l'autre, de comprendre un grand nombre de principes sans les confondre, & c'est là l'esprit de Géométrie.

XLVI. L'Usage veut, je crois aujourd'hui, qu'on appelle *esprit Géométrique*, l'esprit méthodique & conséquent.

XLVII.

La mort est plus aisée à supporter sans y penser, que la pensée de la mort sans péril.

XLVII. On ne peut pas dire qu'un homme supporte la mort aisément ou mal-aisément quand il n'y pense point du tout. Qui ne sent rien, ne suporte rien.

XLVIII.

Tout notre raisonnement se réduit à céder au sentiment.

XLVIII. Notre raisonnement se réduit à céder au sentiment, en fait de goût, non en fait de science.

XLIX.

Ceux qui jugent d'un Ouvrage par régle, sont à l'égard des autres, comme ceux qui ont une Montre, à l'égard de ceux qui n'en ont point. L'un dit, il y a deux heures que nous sommes ici : l'autre dit, il n'y a que trois quarts d'heure : je regarde ma Montre, je dis à l'un, Vous vous ennuyez ; & à l'autre, Le tems ne vous dure guéres.

XLIX. En Ouvrage de goût, en Musique, en Poësie, en Peinture, c'est le goût qui tient lieu de montre ; & celui qui n'en juge que par régle, en juge mal.

L.

César étoit trop vieux, ce me semble, pour s'aller amuser à conquérir le Monde : cet amusement étoit bon à Aléxandre : c'étoit un jeune homme qu'il étoit difficile d'arréter ; mais César devoit être plus mûr.

L. L'on s'imagine d'ordinaire qu'Aléxandre & César sont sortis de chez eux dans le dessein de conquérir la Terre ; ce n'est point cela. Aléxandre succéda à Philippe dans le Généralat de la Gréce, & fut chargé de la juste entreprise de vanger les Grecs des injures du Roi de Perse ; il battit l'ennemi commun, & continua ses conquêtes jusqu'à l'Inde, parce que le Royaume de Darius s'étendoit jusqu'à l'Inde ; de même que le Duc de Malborough seroit venu jusqu'à Lyon sans le Maréchal de Villars.

A l'égard de César, il étoit un des premiers de la République ; il se brouilla avec Pompée comme les Jansénistes avec les Molinistes, & alors ce fut à qui s'extermineroit ; une seule bataille, où il n'y eut pas dix mille hommes de tués, décida de tout.

Au reste, la pensée de Mr Pascal est peut-être fausse en un sens. Il falloit la maturité de César pour se démêler de tant d'intrigues, & il est étonnant qu'Aléxandre, à son âge, ait renoncé au plaisir pour faire une guerre si pénible.

LI.

C'est une plaisante chose à considérer de ce qu'il y a des gens dans le monde qui ayant renoncé à toutes les Loix de Dieu & de la Nature, s'en sont fait eux-mêmes auxquelles ils obéissent exactement, comme, par exemple, les Voleurs, &c.

LI. Cela est encore plus utile que plaisant à considérer ; car cela prouve que nulle Société d'hommes ne peut subsister un seul jour sans Loix. Il en est de toute Société comme du Jeu, il n'y en a point sans régle.

LII.

L'Homme n'est ni Ange, ni Bête : & le malheur veut que qui veut faire l'Ange, fait la Bête.

LII. Qui veut détruire les passions au lieu de les régler, veut faire l'Ange.

LIII.

Un Cheval ne cherche point à se faire admirer de son compagnon : on voit bien entr'eux quelque sorte d'emulation à la course, mais c'est sans conséquence ; car étant à l'étable le plus pesant & le plus mal taillé ne céde pas pour cela son avoine à l'autre. Il n'en est pas de même parmi les hommes, leur vertu ne se satisfait pas d'elle-même, & ils ne sont point contens s'ils n'en tirent avantage contre les autres.

LIII. L'Homme le plus mal taillé ne céde pas non plus son pain à l'autre, mais le plus fort l'enleve au plus foible ; & chez les animaux & chez les hommes, les gros mangent les petits.

LIV.

Si l'homme commençoit par s'étudier lui-même, il verroit combien il est incapable de passer outre. Comment se pourroit-il faire qu'une partie connût le tout ? Il aspirera peut-être à connoître au moins les parties avec lesquelles il y a de la proportion ; mais les parties du Monde ont toutes un tel rapport & un tel enchaînement l'une avec l'autre, que je crois impoſſible de connoître l'une ſans l'autre & ſans le tout.

LIV. Il ne faudroit point détourner l'homme de chercher ce qui lui eſt utile par cette conſidération qu'il ne peut tout connoître.

Non poſſis oculos quantum contendere Lynceus,
Non tamen idcirco contemnas lippus inungi.

Nous connoiſſons beaucoup de vérités : nous avons trouvé beaucoup d'inventions utiles : conſolons-nous de ne pas ſavoir les raports qui peuvent être entre une Araignée & l'Anneau de Saturne ; & continuons à examiner ce qui eſt à notre portée.

LV.

Si la foudre tomboit ſur les lieux bas, les Poëtes & ceux qui ne ſavent raiſonner que ſur les choſes de cette nature, manqueroient de preuves.

LV. Une comparaiſon n'eſt preuve ni en Poëſie, ni en Proſe : elle ſert en Poëſie d'embelliſſement, & en Proſe elle ſert à éclaircir & à rendre les choſes plus ſenſibles ; les Poëtes qui ont comparé les malheurs des Grands à la foudre qui frape les Montagnes, feroient des comparaiſons contraires, ſi le contraire arrivoit.

LVI.

C'eſt cette compoſition d'eſprit & de corps qui a fait que preſque tous les Philoſophes ont confondu les idées des choſes, & attribué aux corps ce qui n'appartient qu'aux eſprits; & aux eſprits ce qui ne peut convenir qu'aux corps.

LVI. Si nous savions ce que c'est qu'esprit, nous pourrions nous plaindre de ce que les Philosophes lui ont attribué ce qui ne lui appartient pas ; mais nous ne connoissons ni l'esprit, ni le corps ; nous n'avons aucune idée de l'un, & nous n'avons que des idées très-imparfaites de l'autre ; donc nous ne pouvons savoir quelles sont leurs limites.

LVII.

Comme on dit beauté poëtique, on devroit dire, beauté géométrique & beauté médicinale ; cependant on ne le dit point, & la raison en est, qu'on sait bien quel est l'objet de la Géométrie & quel est l'objet de la Médecine ; mais on ne sait pas en quoi consiste l'agrément qui est l'objet de la Poësie. On ne sait ce que c'est que ce modéle naturel qu'il faut imiter, & à faute de cette connoissance, on a inventé de certains termes bizarres, Siécle d'Or, Merveille de nos jours, fatal Laurier, bel Astre, &c. *& on appelle ce jargon Beauté poëtique. Mais qui s'imaginera une femme vêtue sur ce modèle, verra une jolie Demoiselle toute couverte de miroirs & de chaînes de laiton.*

LVII. Cela est très-faux : on ne doit point dire Beauté géométrique, ni Beauté médicinale ; parce qu'un Théorême & une Purgation n'affectent point les sens agréablement, & qu'on ne donne le nom de Beauté qu'aux choses qui charment les sens, comme la Musique, la Peinture, l'Éloquence, la Poësie, l'Architecture régulière, &c.

La raison qu'aporte Mr Pascal est toute aussi fausse : on sait très-bien en quoi consiste l'objet de la Poësie : il consiste à peindre avec force, netteté, délicatesse & harmonie ; la Poësie est l'éloquence harmonieuse. Il falloit que Mr Pascal eût bien peu de goût pour dire que *fatal Laurier, bel Astre*, & autres sottifes, font des béautés poëtiques ; & il falloit que les Editeurs de ces Pensées fussent des personnes bien peu versées dans les Belles-Lettres, pour imprimer une réfléxion si indigne de son illustre Auteur.

Je ne vous envoye point mes autres Remarques sur les pensées de Mr Pascal qui entraîneroient des discussions trop longues. C'est assez d'avoir cru appercevoir quelques erreurs d'inattention dans ce grand Génie ; c'est une consolation pour un esprit aussi borné que le mien d'être bien persuadé que les plus grands Hommes se trompent comme le Vulgaire.

FRAGMENT D'UNE LETTRE

Sur un Usage très-utile, établi en Hollande.

IL seroit à souhaiter que ceux qui sont à la tête des Nations imitassent les Artisans. Dès qu'on sait à Londres qu'on fait une étoffe nouvelle en France, on la contrefait ; pourquoi un Homme d'Etat ne s'empressera-t'il pas d'établir dans son Pays une Loi utile qui viendra d'ailleurs ? Nous sommes parvenus à faire la même porcelaine qu'à la Chine. Parvenons à faire le bien qu'on fait chez nos Voisins, & que nos Voisins profitent de ce que nous avons d'excellent.

Il y a tel Particulier qui fait croître dans son jardin des fruits que la Nature n'avoit destinés à meurir que sous la Ligne. Nous avons à nos portes mille Loix, mille Coutumes sages ; voilà les fruits qu'il faut faire naître chez soi ; voilà les arbres qu'il faut y transplanter ; ceux-là viennent en tous climats,

& se plaisent dans tous les terrains. La meilleure loi, le plus excellent Usage, le plus utile que j'aie jamais vû, c'est en Hollande. Quand deux hommes veulent plaider l'un contre l'autre, ils sont obligés d'aller d'abord au Tribunal des Juges Conciliateurs, apellés *Faiseurs de paix*. Si les Parties arrivent avec un Avocat & un Procureur, on fait d'abord retirer ces derniers, comme on ôte le bois d'un feu qu'on veut éteindre. Les Faiseurs de Paix disent aux Parties : Vous êtes de grands fous de vouloir manger votre argent à vous rendre mutuellement malheureux ; nous allons vous accommoder sans qu'il vous en coûte rien. Si la rage de la chicane est trop forte dans ces Plaideurs, on les remet à un autre jour, afin que le tems adoucisse les symptômes de leur maladie ; ensuite les Juges les envoyent chercher une seconde, une troisiéme fois ; si leur folie est incurable, on leur permet de plaider, comme on abandonne à l'amputation des Chirurgiens des membres gangrénés ; alors la Justice fait sa main.

Il n'est pas nécessaire de faire ici de longues déclamations, ni de calculer ce qui en reviendroit au genre humain, si cette Loi étoit adoptée. D'ailleurs je ne veux point aller sur les brisées de Mr l'Abbé de Saint P... dont un Ministre plein d'esprit appelloit les projets, *les Rêves d'un homme de bien*. Je sais que souvent un Particulier, qui s'avise de proposer quelque chose pour le bonheur public, se fait berner. On dit : De quoi se mêle-t'il ? Voilà un plaisant homme de vouloir que nous soyons plus heureux que nous sommes ? Ne sait-il pas qu'un abus est toujours le patrimoine d'une bonne partie de la Nation ? Pourquoi nous ôter un mal où tant de gens trouvent leur bien ? A cela je n'ai rien à répondre.

LETTRE

De M. Melon, ci-devant Sécrétaire du Régent, à Madame de Verue, sur le Mondain.

J'Ai lû, Madame, l'ingénieuse Apologie du Luxe. Je regarde cet Ouvrage comme une excellente leçon de politique, cachée sous un badinage agréable. Je me flatte d'avoir démontré dans mon Essai politique sur le Commerce, combien ce goût des beaux Arts & cet emploi des richesses, cette ame d'un grand Etat, qu'on nomme Luxe, sont nécessaires pour la circulation de l'espéce & pour le maintien de l'industrie ; je vous regarde, Madame, comme un des grands exemples de cette vérité. Combien de Familles de Paris subsistent uniquement par la protection que vous donnez aux Arts. Que l'on cesse d'aimer les Tableaux, les Estampes, les curiosités en tout genre, voilà vingt mille hommes au moins ruinés tout d'un coup dans Paris, & qui sont forcés d'aller chercher de l'emploi chez l'Etranger. Il est bon que dans un Canton Suisse, on fasse des Loix somptuaires, par la raison qu'il ne faut pas qu'un Pauvre vive comme un Riche. Quand les Hollandois ont commencé leur Commerce, ils avoient besoin d'une extrême frugalité ; mais à présent que c'est la Nation de l'Europe qui a le plus d'argent, elle a besoin du Luxe, &c.

Fin du Tome quatriéme.

TABLE

Des Titres contenus dans ce quatriéme Volume.

Préface de l'Editeur, page 1
L'Enfant Prodigue, Comédie, 7
Aux Manes de Genonville, Conseiller au Parlement, & intime ami de l'Auteur, mort en 1722. 104
Sur la mort de Mademoiselle le Couvreur, 107
Le Cadenat, 119
Les Poëtes Epiques, 113
A Madame de *** Les deux Amours, 114
A la même, 115
A la même, en lui envoyant les Œuvres mystiques de Fénélon, 116
A la même, ibid.
Mélanges de Literature & de Philosophie, 117
CHAPITRE I. De la Gloire, ou Entretien avec un Chinois, ibid.
CHAP. II. Du Suicide, ou de l'Homicide de soi-même, 121
CHAP. III. De la Religion des Quakers, 127
CHAP. IV. De la Religion des Quakers, 133
CHAP. V. Histoire des Quakers, 135
CHAP. VI. Histoire des Quakers, 139
CHAP. VII. De la Religion Anglicane, 145
CHAP. VIII. Des Presbyteriens, 148
CHAP. IX. Des Sociniens, ou Trinitaires, ou Titrinitaires, 151
CHAP. X. Du Parlement, 154
CHAP. XI. Sur le Gouvernement, 158
CHAP. XII. Sur le Commerce, 164

TABLE.

CHAP. XIII. Sur l'Insertion de la petite Vérole, page 166

CHAP. XIV. Sur le Chancelier Bacon, 171

CHAP. XV. Sur Mr Locke, 177

CHAP. XVI. Sur Descartes & Newton, 186

CHAP. XVII. Histoire de l'Attraction, 192

CHAP. XVIII. Sur l'Optique de Mr Newton, 204

CHAP. XIX. Histoire de l'Indéfini, 209

CHAP. XX. De la Chronologie de Newton, qui fait le monde moins vieux de 500 ans, 213

CHAP. XXI. De la Tragédie, 219

CHAP. XXII. Sur la Comédie, 225

CHAP. XXIII. Sur les Seigneurs qui cultivent les Lettres, 230

CHAP. XXIV. Sur le Comte de Rochester, & Mr Waller, 233

CHAP. XXV. Sur Mr Pope, & quelques autres Poëtes fameux, 238

CHAP. XXVI. Sur la Société Royale, & sur les Académies, 243

CHAP. XXVII. Remarques sur les Pensées de Mr Pascal, 249

Fragment d'une Lettre sur un usage très-utile établi en Hollande, 284

Lettre de Mr Melon, ci-devant Sécrétaire du Régent, à Madame de Vérue, sur le Mondain, 386

Fin de la Table.

www.ingramcontent.com/pod-product-compliance
Lightning Source LLC
Chambersburg PA
CBHW070758170426
43200CB00007B/826